TOUT CE QUE TU DOIS SAVOIR AVANT TES 16 ANS

et qu'on ne t'apprendra jamais à l'école...

Léa Millan

Selon le code de la propriété intellectuelle, copier ou reproduire cet ouvrage aux fins d'une utilisation collective est formellement interdit.
Une représentation ou une reproduction partielle ou intégrale, quel que soit le procédé utilisé, sans que l'auteur ou ayant droit n'ait donné son accord, relève d'une contrefaçon intellectuelle aux termes des articles L.335-2 et expose les contrevenants à des poursuites.

Première édition, 2022

Sommaire

INTRODUCTION 1

LA CONFIANCE EN SOI 5

LES RÊVES ET LES PROJETS 9

FAIRE FACE À UN ÉCHEC 15

LES AMIS 19

LES ÉMOTIONS 27

ÊTRE HEUREUX (HEUREUSE) 35

LES ÉTUDES 39

L'HYGIÈNE ET LA TOILETTE 47

LES PREMIERS SECOURS 55

L'ARGENT 65

LA CUISINE 79

TON CORPS 93

LE MÉNAGE ET LE RANGEMENT 101

LES VÊTEMENTS 109

TES PARENTS 117

LA COMMUNICATION 121

LA SÉCURITÉ	129
LES PETITES CHOSES PRATIQUES	135
L'AMOUR	143
CONCLUSION	149
ÉPILOGUE	151

INTRODUCTION

À quoi te sert le théorème de Pythagore si tu ne sais pas faire une vinaigrette ou gérer ton argent ?

L'école te transmet de nombreuses connaissances. À la fin de ta scolarité, tu seras capable, entre autres, de citer les dates importantes du XXème ou de résoudre une équation mathématique.

Ces connaissances sont importantes car elles te permettront de mieux comprendre le monde. Mais il y a une chose essentielle que l'école ne t'apprendra jamais : savoir gérer ta vie quotidienne.

Résultat : certains ados, comme toi, arrivent à l'âge adulte sans savoir se faire à manger ou changer une ampoule grillée. Plutôt embêtant dans la vie de tous les jours, non ?

Toi aussi, dans quelques années, tu deviendras adulte et tu devras voler de tes propres ailes. Tu devras savoir cuisiner, ranger, nettoyer, gérer ton budget, écrire des mails, passer des coups de téléphone, recoudre des boutons etc...

Il se peut que tu saches déjà faire certaines choses réservées aux « grands ». Dans ce cas, félicitations ! Et s'il y a des choses que tu ne sais pas encore faire, pas d'inquiétude, nous sommes là pour t'aider.

C'est dans ce but que nous avons conçu ce guide. Tu peux le considérer comme un mode d'emploi de la vie. Tu y découvriras tout ce que tu es capable d'accomplir avant tes 16 ans. On ne t'apprendra pas encore à remplir une fiche d'impôts ou à choisir ta mutuelle, tu es encore trop jeune ! Mais on te donnera des conseils pratiques pour te débrouiller tout(e) seul(e) au quotidien et des astuces pour mener une vie épanouie, aussi bien maintenant que plus tard, quand tu seras adulte.

Te souviens-tu de quand tu étais petit(e) et que tu as dû apprendre à faire des lacets ? Au début, cela t'a certainement demandé des efforts et de la persévérance. Tu préférais sans doute que ce soit tes parents qui les fassent à ta place, par fainéantise. Mais maintenant, c'est devenu une habitude pour toi et pour rien au monde tu ne laisserais tes parents t'aider ! Il en va de même pour les nouvelles compétences que tu vas apprendre dans ce livre.

Tu verras, ce guide est facile à utiliser. Il est divisé en chapitres indépendants les uns des autres. Tu peux donc le lire d'une traite ou aller directement au chapitre qui t'intéresse. Il te suffira ensuite de suivre pas-à-pas les instructions qui te seront proposées. Des schémas et des illustrations te permettront, le cas échéant, de mieux comprendre les conseils.

Tu n'as plus qu'à tester, expérimenter et tu gagneras peu à peu en confiance et en autonomie.

Tu vas enfin pouvoir être acteur (ou actrice) de ta vie ! Tu dépendras de moins en moins de tes parents. Tu te sentiras plus utile, tu pourras enfin prouver au monde que tu es important(e) et capable de faire la différence. Tu seras surtout fier(e) de toi, de ce que tu as appris et du chemin parcouru. Tu pourras surmonter tout(e) seul(e) les difficultés qui se présenteront à toi et persévérer jusqu'à atteindre tes objectifs.

Il se peut que ce soit ta famille ou tes parents qui aient eu l'idée de t'offrir ce livre. Ils te font là un énorme cadeau : celui de pouvoir expérimenter de nouvelles choses et te sentir fier(e) de ce que tu accomplis au jour le jour. Tu pourras ainsi leur prouver que tu es responsable et digne de confiance ! Plus tu leur prouveras ton sérieux et plus ils auront envie de te laisser libre de tes choix.

Une dernière petite chose avant de te laisser : je t'offre un guide en PDF intitulé *Ton plan pour être plus riche dans 4 mois*. Il s'agit d'une méthode simple et amusante pour apprendre à économiser de l'argent.

Pour l'obtenir, il te suffit de flasher ce QR Code :

Grâce à ce guide, tu auras toutes les clés en main pour mettre de l'argent de côté et t'offrir des petits plaisirs. Tu finiras par acquérir les réflexes essentiels pour préparer sereinement ta vie d'adulte sur le plan financier.

Alors, c'est parti, je te souhaite une bonne lecture et amuse-toi bien !

Léa Millan

LA CONFIANCE EN SOI

Avoir confiance en soi, c'est croire en ses capacités et en son potentiel. Quand on a confiance en soi, on se sent capable de faire plein de choses, pour peu que l'on s'en donne les moyens.

Le problème, c'est que durant l'adolescence, on se pose beaucoup de questions sur sa propre identité et sur sa place dans le monde. On se compare beaucoup aux autres et on doute facilement de ses capacités.

Il est donc tout à fait normal que tu ressentes un manque de confiance en soi de temps en temps. Mais si ce ressenti perdure, il peut malheureusement t'empêcher d'agir et de réussir dans la vie, car tu auras le sentiment d'être nul(e) et de ne pas pouvoir y arriver.

J'ai cependant une bonne nouvelle à t'annoncer : la confiance en soi s'apprend. Elle n'est pas innée. Elle s'acquiert et se renforce avec de la volonté et de la persévérance. Ce n'est pas facile, mais c'est possible alors je compte sur toi pour essayer.

Voici quelques conseils pour booster ta confiance :

❶ **Pense positivement.** Au lieu de penser, au cours de la journée, à tout ce que tu ne peux pas faire ou tout que tu ne sais pas faire, recentre-toi sur ce que tu es capable de faire et ce que tu aimerais accomplir dans la vie.

❷ **Compare-toi... à la meilleure version de toi-même.** Tu as certainement tendance à te comparer aux autres. Or, n'oublie pas que tu es unique, tu as ton propre vécu, tes propres expériences et tes propres valeurs. Il n'y a pas de sens à se comparer à quelqu'un qui n'a pas la même vie que toi. Tu ne sais pas ce que la personne a traversé avant d'être celle qu'elle est aujourd'hui. Prends plutôt un carnet et décris ce qui pourrait être la meilleure version de toi-même, décris la personne à laquelle tu voudrais ressembler dans ton idéal. Cela deviendra ton point de comparaison. Comme ça, tout se jouera entre toi et toi.

❸ **Sors de ta zone de confort.** Fais de nouvelles activités et apprends de nouvelles choses. Tu constateras tes progrès et tu seras fier(e) de toi. Tu te prouveras à toi-même que tu as les capacités pour t'adapter et réussir.

❹ **Fixe-toi des petits objectifs.** Si tu places la barre trop haute, tu risques de te décourager avant même de te lancer. Décompose ton objectif en sous-objectifs, plus petits et plus facilement atteignables. Par exemple, si ton objectif est de gagner une compétition de sport, commence par faire 20 minutes d'entrainement par jour pendant 2 semaines. Puis, augmente tes exigences et passe à 40 minutes par jour etc... Chaque sous-objectif atteint renforcera ta confiance et ta motivation. Pour gravir une montagne, il suffit de mettre un pied devant l'autre !

❺ **Inspire-toi des autres.** Attention, s'inspirer des autres ne veut pas dire se comparer aux autres. Si la personne que tu envies a réussi, cela ne t'enlève pas de la valeur. Tu peux faire comme elle, le monde est grand et il y a de la place pour toi. Analyse attentivement les forces de cette personne et travaille pour lui ressembler ou la surpasser.

❻ **N'aie pas peur d'échouer.** Si tu échoues, cela ne signifie pas que tu es nul(e). Cela veut simplement dire que tu ne t'es pas suffisamment entraîné(e) pour réussir ou que ta méthode de travail n'était pas la bonne. Si tu as peur de te tromper ou de rater, essaye quand-même. L'échec fait partie intégrante du processus d'apprentissage. Paradoxalement, moins on a peur d'échouer, et plus on est prêts à réussir.

❼ **Note toutes tes fiertés dans un carnet.** Écris toutes tes réussites dans un carnet, cela te permettra de prendre conscience des progrès que tu as réalisés, d'en être fier(e) et par conséquent de renforcer ta confiance en toi.

A TOI DE JOUER !

QUELLES SONT LES 5 PLUS GRANDES RÉUSSITES DE TA VIE ?

1. _____

2. _____

3. _____

4. _____

5. _____

LES RÊVES ET LES PROJETS

Tu as la vie devant toi et certainement plein de projets en tête ! Tu as peut-être envie de devenir vétérinaire ? De faire les championnats de France dans le sport que tu aimes ? D'intégrer le meilleur lycée da ta ville ? De créer une association pour protéger les animaux ? Ou d'apprendre la guitare ?

Tu as raison d'avoir plein de projets en tête ! Tu as en effet le pouvoir de transformer ta vie, celle des autres et de créer ta propre destinée.

Mais avant de conquérir le monde, tu as besoin d'apprendre quelques compétences pour mener à bien tes projets.

. . . .
FIXE-TOI UN OBJECTIF

La manière dont tu vas fixer ton objectif est très importante. Elle va déterminer la réussite ou non de ton projet.

En effet, certaines personnes fixent des objectifs trop vagues ou trop irréalistes. Elles finissent par se décourager et abandonnent leur projet. C'est dommage !

Alors, comment fixer correctement un objectif ?

Tout d'abord, pars d'un **objectif général**, d'un de tes désirs. Par exemple, ton objectif peut être d'avoir de très bonnes notes à l'école, d'être un(e) acteur (actrice) célèbre ou d'apprendre le piano.

Puis, **précise ton objectif** : il ne doit pas être trop vague.

Pour reprendre l'exemple de l'apprentissage du piano : est-ce que tu veux devenir pianiste professionnel(le) ? Ou rejoindre un orchestre ? Ou simplement connaitre quelques morceaux de piano par cœur pour épater tes amis (ou une amoureuse...) ? Quel est ton objectif spécifique ?

Ensuite, **demande-toi si ton objectif est réaliste**. Tu veux te mettre au piano, mais tu n'en as pas chez toi... Et tu n'as pas les moyens de t'en payer un. Sois honnête avec toi-même sur les réelles possibilités que tu puisses sérieusement apprendre le piano. Si tu es motivé(e) malgré tout, pense aux autres possibilités qui s'ouvrent à toi : il est peut-être possible de s'acheter un clavier électronique pas cher, ou de demander l'autorisation au conservatoire de pouvoir jouer sur place. Peut-être es-tu attiré(e) par la musique en général et un autre instrument, plus accessible, te conviendrait tout autant ? Est-ce que ton objectif est réaliste, si tu t'en donnes les moyens ? Et as-tu vraiment envie de t'en donner les moyens ?

Enfin, **écris tous toutes les options** possibles pour atteindre ton objectif, tout en restant réaliste. Dans l'exemple du piano, si ton objectif est d'en faire pour ton plaisir personnel, tu peux envisager de : suivre des tutos sur Internet OU prendre des cours particuliers OU prendre des cours collectifs OU prendre des cours au conservatoire de musique etc...

· ·

FIXE-TOI UN PLAN D'ACTION AVEC DES PETITS OBJECTIFS INTERMÉDIAIRES

J'imagine que tu es très impatient(e) d'atteindre ton objectif, mais cela ne pourra pas se faire en un coup de baguette magique.

Pour atteindre ton objectif final, tu vas devoir te **fixer des plus petits objectifs.**

En effet, si tu places la barre trop haute, **tu risques de te décourager avant même de te lancer.**

Par exemple, si ton objectif est de réussir à devenir un acteur (actrice) professionnel(le), tu auras plusieurs objectifs intermédiaires à atteindre : avoir une bonne élocution, parler de façon assurée, savoir exprimer les différentes émotions, savoir mémoriser un texte rapidement, trouver un petit rôle dans une pièce de théâtre, puis trouver un rôle de figurant, puis trouver un rôle dans un court-métrage, puis dans un long-métrage etc...

Si ton objectif est d'avoir 20/20 à un contrôle dans une matière, ton premier objectif intermédiaire sera de réaliser une fiche pour chaque chapitre. Ton second objectif sera de réviser ces fiches. Ton dernier objectif sera de t'entrainer en faisant des exercices.

Les **petits objectifs sont plus faciles à atteindre**. Tu auras plus souvent la chance de mesurer tes progrès, ce qui est à la fois motivant et inspirant.

Chaque petit objectif t'aide à devenir plus fort(e), plus confiant(e) dans tes capacités à accomplir des choses plus difficiles.

Chaque petit objectif s'accumule. Et avant que tu ne le saches, tu n'es plus qu'à quelques pas du grand objectif audacieux que tu avais imaginé au départ...

PASSE À L'ACTION ET RESTE MOTIVÉ(E) !

Maintenant que tu as ton plan d'action, **il ne te reste plus qu'à agir** !

Malheureusement, tout ne se déroulera pas toujours comme sur des roulettes. Alors, voici quelques conseils pour rester motivé(e) et maintenir le cap, même si des difficultés se présentent à toi.

❶ **Entoure-toi de personnes qui t'encouragent**

Il est très important de **t'entourer d'amis ou de membres de la famille qui vont t'encourager dans tes projets**.

À l'inverse, ne tiens pas compte des critiques de ceux qui n'ont pas la même vision que toi ou qui veulent absolument se sentir supérieurs à toi. **Peu importe ce que les autres pensent de toi, garde le cap !**

Si Thomas Edison s'en était tenu aux propos de ses professeurs qui lui répétaient sans cesse qu'il était « trop bête » pour apprendre quoi que soit, aurait-il obtenu plus de 1000 brevets et inventé tous ces appareils qui ont révolutionné le monde parmi lesquels : le phonographe, l'ampoule électrique ou la toute première caméra ? Tu es peut-être le Thomas Edison de ta génération !

❷ **Écris tes objectifs et tes succès**

Écris-les sur une feuille que tu pourras visualiser au quotidien : sur le mur au-dessus de ton bureau, sur une porte ou sur le frigo. Cela t'aidera à **prendre conscience de ce qu'il te reste à faire et des progrès réalisés** (ça permet de rester bien motivé).

❸ **Célèbre tes réussites !**

À chaque fois que tu auras réussi à atteindre un objectif intermédiaire, **fête-le avec tes amis ou offre-toi un petit plaisir personnel**. Ainsi, ton cerveau associera l'effort au plaisir. Il aura alors envie de persévérer pour être récompensé à nouveau !

❹ **Trouve un modèle**

Cherche des personnes qui ont réussi dans le domaine qui

t'intéresse, pour t'inspirer.

Si tu veux devenir paysagiste, prends contact avec quelqu'un du métier pour lui poser des questions. Si tu vises une grande école plus tard, va chercher des conseils auprès des étudiants qui ont réussi le concours. Si tu veux devenir acteur ou actrice, prends pour modèle des acteurs que tu apprécies beaucoup et entraine-toi : imite-les devant le miroir ou une caméra pour leur ressembler !

Trouver un modèle ou un mentor est une excellente manière de progresser rapidement vers ton but. Ça nous inspire.

❺ **Prends le temps de te reposer**

Mettre en œuvre ton projet peut être fatigant. Avoir le nez dans le guidon de façon constante peut faire perdre la motivation. **Prends donc le temps de t'arrêter**, de sortir, de faire d'autres activités et surtout de dormir suffisamment chaque nuit pour récupérer !

A TOI DE JOUER !

NOTE TON OBJECTIF PRINCIPAL
ET LES ÉTAPES POUR Y ARRIVER

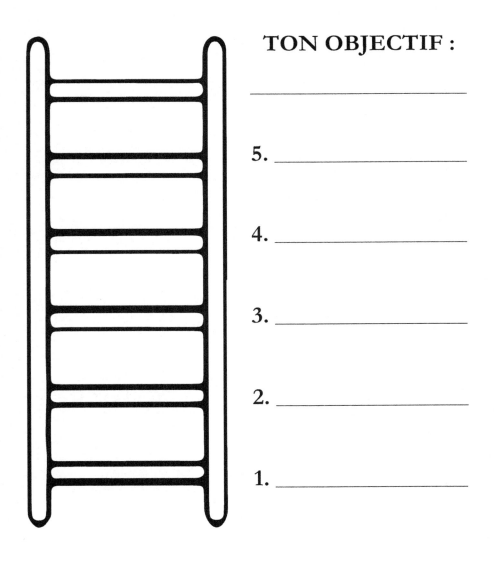

TON OBJECTIF :

_____

5. _____

4. _____

3. _____

2. _____

1. _____

FAIRE FACE À UN ÉCHEC

Tu as eu une mauvaise note ? Tu as échoué à une compétition de sport ? Tes amis ont trouvé que tes dessins n'étaient pas très jolis ?... Bref, tu viens de vivre un échec.

Tu ressens certainement de la colère, de la douleur, de la tristesse ou de l'incompréhension. Tu as peut-être envie de pleurer et tu te sens nul(le).

Et si tu avais tort ? Et si cet échec était en réalité un cadeau que t'offre la vie ? Pour le moment, tu as mal et tu ne veux pas y croire. Mais attends un peu, je t'explique dans ce chapitre comment cet échec est peut-être une étape inestimable dans ta réussite.

ÉTAPE 1 : SORS !

Bon là, pour le moment, tu ne te sens pas bien. Tu t'es pris une violente claque, c'est normal. Alors ne reste pas à ruminer chez toi. **Sors et pense à autre chose.** Fais du sport, va voir des amis, imprègne-toi de toute l'énergie positive que tu trouveras, auprès des gens que tu aimes ou des activités qui t'inspirent. Reviens lire la suite de ce chapitre plus tard.

ÉTAPE 2 : ACCEPTE L'ÉCHEC

Te revoilà ! Tu es rentré(e) chez toi tranquillement. Maintenant, sois honnête avec toi-même : ta sortie t'a fait du bien mais tu te sens toujours mal. **Accepte-le.** Tu as échoué. Je sais que pour le moment, tu n'as pas envie d'en parler. Mais quand tu sentiras que le moment est venu, pose-toi et contemple tes émotions, pour te permettre d'accepter petit à petit ton échec et ta douleur. Raconte-toi ton histoire à voix haute, ou écris-la dans un carnet ou parles-en à ton entourage pour leur expliquer ce que tu as vécu. Ça fait du bien de s'exprimer et ça aide à réfléchir aussi.

ÉTAPE 3 : SOIS FIER(E) DE TOI

Allez, maintenant que tu t'es posé(e) et que tu as accepté ton échec, arrête de t'en vouloir, d'en avoir honte. Arrête de te dire que tu n'as pas eu de chance ou que tu es nul(e).

Au contraire, **sois fier(e) de toi**. Car un échec signifie que tu as essayé. Tu as pris un risque en participant à une compétition ou en montrant tes dessins à tes amis. Et ça, c'est énorme ! Une **personne qui n'échoue jamais ne fait rien de sa vie**.

Donc, au lieu de broyer du noir, sois content(e) de toi !

ÉTAPE 4 : ÉCHOUER, C'EST FORMIDABLE !

Les plus grandes réussites de notre vie se produisent souvent grâce à une succession d'échecs. C'est bizarre, non ? Pourtant, plein de personnes célèbres sont passées par des déceptions et des fiascos avant de réussir.

Tu connais Walt Disney, celui qui a réalisé les célèbres dessins animés ? Il s'est fait renvoyer par le rédacteur en chef d'un journal parce que selon ce dernier, Walt Disney manquait d'imagination et n'avait pas de bonnes idées !

Walt Disney a échoué mais ce n'est pas pour autant qu'il a abandonné. Il a compris ses erreurs et a persévéré jusqu'à la première de son film "Blanche Neige", qui fut le début de son énorme succès ! Aujourd'hui, son entreprise qui porte son nom, apporte du bonheur et du rêve aux enfants du monde entier !

Ce qui nous fait le plus vibrer dans ce genre d'histoires inspirantes, c'est la façon dont les personnes ont utilisé l'échec pour s'en sortir et connaitre le succès.

Si tu as bien compris **les causes de ton échec**, alors **tu en tireras de nombreux enseignements qui te permettront de progresser** et **de ne pas répéter les mêmes erreurs.**

Si toi aussi tu arrives à percevoir **les échecs comme des opportunités d'apprentissage, alors tu ne subiras plus l'échec.** Tu n'en auras plus peur.

La seule chose que tu ne peux pas faire, c'est abandonner juste parce que tu as échoué.

L'échec est une graine, est-ce que tu as envie de l'utiliser pour grandir ou pour te détruire ?

ÉTAPE 5 : REPASSE VITE À L'ACTION !

Une fois que tu as réalisé que cet échec peut devenir une fabuleuse opportunité pour toi, passe à la réalisation d'un **plan d'action**. Écris sur un papier **ce que tu comptes faire désormais pour réussir**.

Tu peux **envisager les solutions de plusieurs points de vue différents**.

Par exemple, si tu as échoué à une compétition de sport, c'est peut-être que tu ne t'es pas assez entrainé(e). Tu peux donc décider d'être plus attentif (attentive) pendant les séances d'entrainement OU de t'entrainer chez toi OU de visualiser les vidéos de ta compétition pour comprendre pourquoi tes adversaires étaient meilleurs etc...

Mais si tu as échoué à ta compétition de sport, c'est peut-être aussi par manque de motivation parce que le sport en question ne te plait plus. Songe alors à pratiquer une autre activité.

Dans tous les cas, change de perspective, bouge, teste ! N'oublie pas : **moins on a peur d'échouer et plus on est prêts à réussir.**

A TOI DE JOUER !

POUR PRENDRE DU RECUL PAR RAPPORT À UN ÉCHEC

Décris un échec que tu as vécu personnellement

_____

_____

_____

_____

Qu'as-tu fait après cet échec ?
Qu'as-tu appris ?

_____

_____

_____

_____

LES AMIS

Tes parents et ta famille comptent beaucoup pour toi, mais en grandissant tu vas naturellement vouloir consacrer de plus en plus de temps aux amis. Les amis sont très importants, ils vont t'apporter soutien et réconfort à mesure que tu grandis. Tu partageras avec eux de nouvelles expériences et des moments de rires qui contribueront pour beaucoup à ton bonheur.

Ce n'est pourtant pas si facile de se faire de nouveaux copains, surtout quand on arrive dans une nouvelle école, un nouveau club ou une nouvelle ville et qu'on ne connait personne. Ne t'inquiète pas, dans ce chapitre, tu vas apprendre à nouer de belles amitiés. Même si tu es timide, tu peux te faire des amis facilement. Le plus important, c'est de savoir comment s'y prendre.

SE FAIRE DES AMIS

❶ **Trouve des activités qui te plaisent.** Tu pourras plus facilement faire des rencontres qui feront sens pour toi. Tu seras plus heureux (ou heureuse) parce que tu feras quelque chose qui te plait et tu côtoieras des personnes qui ont des intérêts communs avec toi. Ce sera donc beaucoup plus facile d'engager la conversation avec elles.

❷ **Lâche ton téléphone et souris.** Commence par lâcher ton téléphone. En effet, si tu es dans un nouvel endroit et que tu as sans arrêt la tête baissée, personne n'osera venir te parler. Lève la tête, regarde les gens et souris de bon cœur. Sourire attire la sympathie et montre que tu es disponible pour de nouvelles amitiés.

❸ **Engage la conversation.** Il ne faut pas avoir peur. Si tu es souriant(e) et avenant(e), personne ne te rejettera. Même si la conversation est sans intérêt, tes interlocuteurs te trouveront sociable et sympathique. Le résultat sera donc bien meilleur que de rester dans son coin !

❹ **Intéresse-toi à ton interlocuteur.** Les gens adorent parler d'eux. Si tu les écoutes sincèrement, ils t'en seront reconnaissants. C'est une très bonne nouvelle si tu es timide ou introverti(e), il n'y a pas besoin d'être un grand bavard(e) pour se faire des amis ! Pour en savoir plus, retrouve le guide de conversation dans le chapitre « bien communiquer ».

❺ **Propose ton aide.** Si tu vois qu'une personne est perdue ou est en train de s'affairer, propose-lui ton aide. Même si elle la décline, elle appréciera ta démarche attentionnée. Ce sera une bonne manière d'engager la conversation avec elle et peut-être de s'en faire un(e) ami(e).

Savoir nouer des relations est une précieuse compétence qui t'aidera à t'épanouir dans ta vie personnelle. Mais elle est aussi grandement appréciée dans le monde professionnel. Elle sera un atout indéniable pour les recruteurs, quand un jour tu chercheras du travail.

ENTRETENIR UNE AMITIÉ

Attention, avoir des amis ne se fait pas du jour au lendemain. Cela demande du temps et des efforts.

Après avoir appris comment rencontrer de nouvelles personnes, voici quelques conseils pour bâtir des relations amicales sur le long terme :

❶ **Garde le contact.** Pour entretenir une amitié, tu dois t'efforcer de garder le contact régulièrement. Cela peut passer par des rencontres physiques mais aussi des échanges par mail, par téléphone ou même par lettre (il existe de belles relations d'amitié à distance). Il y a plein d'occasions de prendre contact avec quelqu'un : pour lui souhaiter son anniversaire, une bonne année ou simplement demander des nouvelles.

Si des amis ne te contactent pas, ne fais pas de suppositions inutiles. Ne te dis pas tout de suite qu'ils ne t'aiment pas ou qu'ils n'ont pas de temps à te consacrer. Appelle-les, invite-les et demande-leur clairement et gentiment s'ils sont occupés en ce moment, pour éviter les malentendus.

---

❷ **Partage des souvenirs.** Propose à tes nouveaux amis de partager des activités avec toi. La régularité des rencontres créera forcément du lien.

❸ **Sois disponible.** Si ton ami(e) te téléphone ou souhaite te voir, prends un peu de temps pour accéder à sa demande, même si tu es très occupé(e) ou que tu préfères être seul(e).

❹ **Sois à l'écoute.** Prends le temps d'écouter ce que tes amis ont à dire et montre de l'intérêt pour ce qu'ils font. Pose-leur des questions et ne les interromps pas quand ils te parlent.

❺ **Sois respectueux (ou respectueuse).** Même si tu n'es pas d'accord avec tes amis, écoute-les et respecte-les. Exprime calmement et gentiment ton propre point de vue, mais ne dénigre jamais tes amis.

❻ **Sois positif (ou positive).** Tu peux bien sûr parler de tes problèmes à tes amis. Mais personne n'aime être entouré de quelqu'un qui se lamente sans arrêt. Essaie d'envisager la vie du bon côté et encourage tes amis quand ils en ont besoin.

❼ **Sois honnête.** N'essaie pas de cacher des choses à tes amis ou de leur mentir. Une amitié forte se base sur la confiance mutuelle.

❽ **Sois toi-même.** Inutile de jouer un rôle, sois le plus naturel possible avec tes amis, pour que tout le monde se sente à l'aise.

BIEN CHOISIR SES AMIS

Les relations amicales devraient être basées sur la confiance, le respect, l'honnêteté et la communication. Si tu te sens mal avec un(e) ami(e) ou si tu es sans arrêt en conflit avec lui (elle), votre relation est peut-être nocive.

À l'inverse, ta relation amicale est saine si :

❶ **Tu arrives à partager tes sentiments et tes pensées** : ton ami(e) t'écoute. Il (elle) peut être parfois en désaccord avec toi mais tu n'as pas peur qu'il (elle) se moque de toi ou te dénigres.

❷ **Tu te sens libre de faire ce que tu veux** : ton ami(e) n'essaie pas de te changer ou de t'obliger à faire quelque chose que tu ne veux pas.

❸ **Tu lui fais confiance** : tu te sens en sécurité avec lui (elle). Il (elle) ne te fait pas de mal et tu peux aussi lui confier des secrets.

❹ **Tu te sens soutenu(e)** : ton ami(e) fait ce qu'il (elle) peut pour que tu te sentes bien et que vous passiez de bons moments.

❺ **Tu as ton espace personnel** : tu vois d'autres amis ou tu fais des activités sans ton ami(e) et il (elle) ne te le reproche pas. Il (elle) n'est pas maladivement jaloux (jalouse) et ne se met pas en colère.

❻ **Tu t'amuses** : quand tu es avec lui (elle), tu souris, tu ris, tu plaisantes, tu t'amuses bien.

Si tu ne te sens pas bien dans une relation, prends tes distances avec la personne. Au moindre doute, demande à ta famille ou des amis de confiance ce qu'ils pensent de votre relation.

ÊTRE INVITÉ(E) CHEZ UN AMI(E)

Si un(e) ami(e) t'invite chez lui (elle), la première chose à faire est de **le (la) remercier** et si possible de manifester ta joie d'aller chez lui (elle).

Si tu rencontres ses parents et d'autres membres de sa famille, **présente-toi**.

Respecte les règles de la maison, qu'elles soient plus sympas ou moins sympas que chez toi. Par exemple, si la famille enlève ses chaussures en rentrant dans la maison, fais de même.

Si tu n'es pas sûr(e) de quelque chose, demande-leur. Par exemple : « est-ce que je dois enlever mes chaussures pour rentrer ? », « est-ce que je peux me servir d'un verre d'eau ? ».

Au moment de partir, essaie de retrouver toutes les personnes de la famille pour **leur dire au-revoir**, c'est plus poli et agréable.

INVITER UN(E) AMI(E)

Si tu invites un(e) ami(e), au moment où il (elle) arrive chez toi, **présente-le (la) à ta famille**.

Propose-lui **quelque chose à boire et/ou à manger**.

Laisse-lui choisir les activités que vous allez faire ensemble en lui faisant plusieurs propositions : « tu préfères aller faire du skate dehors, écouter de la musique ou faire un jeu de société ? ».

Quand il (elle) part de la maison, **raccompagne-le (la) jusqu'à la porte d'entrée** pour lui dire au-revoir.

LE HARCÈLEMENT

Il n'y a pas que des amis dans la vie. Il y a malheureusement aussi des personnes qui prennent un malin plaisir à faire du mal aux autres. Beaucoup de jeunes de ton âge se font harceler. Les victimes ne savent pas toujours comment réagir. Elles peuvent avoir tendance à avoir peur, s'isoler et souffrir.

Le **harcèlement**, c'est quand **une personne veut nuire à une autre**. Alors, elle lui fait subir **des violences répétées**. Ce peut être des **violences physiques** (coups, bousculades, attouchements...), mais aussi des **violences verbales** (insultes, menaces, moqueries, messages injurieux...) ou **psychologiques** (geste blessant, mise à l'écart, rumeurs...).

Aucune de ces violences n'est acceptable. Si tu te reconnais en tant que victime de harcèlement, agis rapidement :

QUE FAIRE EN CAS DE HARCÈLEMENT ?

- **Parles-en à un adulte de confiance ou à un(e) ami(e)**. Ce n'est pas parce que tu dénonces une personne que tu es une balance. Il faut absolument stopper la violence avant que ça ne finisse mal.

- **Appelle le numéro vert « Non au harcèlement » au 30 20** (service et appel gratuit) pour obtenir écoute et conseils. N'hésite surtout pas à les contacter, même si tu doutes sur la nature du harcèlement.

- **Prends tes distances avec la personne qui te harcèle**. Ce ne sera pas facile si elle se trouve dans ton établissement mais pour ta sécurité, évite au maximum les endroits et les situations où tu peux tomber sur elle.

- **Affirme-toi.** Ne montre pas ta peur et ignore la personne qui te harcèle. C'est sans doute le conseil le plus difficile à appliquer, mais beaucoup de harceleurs laissent tomber leur victime quand ils se rendent compte qu'ils n'ont plus du tout d'influence sur elle.

QUE FAIRE EN CAS DE HARCÈLEMENT ?

PARLES-EN À UN ADULTE
pour te sentir moins seul(e) et mettre fin au harcèlement.

ÉVITE AU MAXIMUM CELUI (CELLE) QUI TE HARCÈLE
pour ne pas te retrouver tout(e) seul(e) avec lui (elle).

NE MONTRE PAS TA PEUR
même si ce n'est pas facile, ignore le harceleur et pars.

PARLES-EN À DES AMIS
pour recevoir du soutien et pour pouvoir s'entraider !

Si tu es témoin de harcèlement, sache que ton rôle est extrêmement important. **Ne tente pas de résoudre le problème toi-même. Parles-en rapidement à un adulte de confiance** et décris-lui très précisément ce que tu as vu ou entendu.

LE CYBERHARCÈLEMENT

Le **cyberharcèlement** est un **nouveau type de harcèlement, qu'on retrouve sur Internet** (sur un réseau social, un jeu vidéo multi-joueurs, un forum etc...).

Cette fois, le harcèlement prend une forme numérique : **diffusion de photos ou vidéos** ridiculisant la victime, **piratage de comptes**, **usurpation d'identité** ou **envoi de messages et de commentaires insultants ou intimidants**.

Si tu es victime de cyberharcèlement, surtout ne reste pas tout(e) seul(e). Tu as de la famille, un entourage, des amis qui veulent ton bien et qui seront toujours prêts à t'aider.

QUE FAIRE EN CAS DE CYBERHARCÈLEMENT ?

- **Ne réponds pas aux commentaires**, car la situation peut s'envenimer.
- **Conserve toutes les preuves du harcèlement.** Garde les mails, les photos, fais des captures d'écran.
- **Bloque la personne qui te harcèle** pour qu'elle ne puisse plus te contacter.
- **Déconnecte-toi de tous les réseaux sociaux.** Ne partage plus aucune information ni photo de toi.
- **Parle de la situation à un adulte de confiance.** C'est extrêmement important et c'est le meilleur moyen de stopper le harcèlement. Tu peux aussi contacter **le numéro Vert « Cyberviolences » au 3018** pour pouvoir poser tes questions et recevoir des conseils.
- **Contacte les réseaux sociaux concernés.** Ils prennent très au sérieux les problèmes de harcèlement. Ils effaceront le contenu inapproprié et prendront les mesures adéquates.

TU ES TÉMOIN DE HARCÈLEMENT OU CYBERHARCÈLEMENT ?

Ton rôle est **TRÈS** important !
Montre à la victime que tu la soutiens.

MAIS

Ne cherche surtout pas à régler le problème toi-même.
PARLES-EN RAPIDEMENT À UN ADULTE
Et décris-lui précisément ce que tu as vu ou entendu.

A TOI DE JOUER !

QUI SONT TES AMIS LES PLUS CHERS ?

Son prénom : ....

Pourquoi tu l'apprécies ?

....

....

....

....

Son prénom : ....

Pourquoi tu l'apprécies ?

....

....

....

....

Son prénom : ....

Pourquoi tu l'apprécies ?

....

....

....

....

LES ÉMOTIONS

Dans ce chapitre, tu vas apprendre à nommer et décoder tes émotions. Tu comprendras ce qu'elles veulent te dire et ce que tu dois faire pour te sentir mieux. Ce sont des compétences qui te serviront toute ta vie.

ACCEPTE TES ÉMOTIONS

Toutes tes émotions sont légitimes, même si parfois ton entourage ne les comprend pas. Tu as par exemple le droit de te sentir triste à certains moments, cela ne fait pas de toi quelqu'un de faible. Tu as aussi le droit de te sentir en colère, cela ne fait pas de toi quelqu'un de méchant ou de mauvais. **Laisse ton cœur parler.**

Si tu arrives à mettre des mots sur ce que tu ressens, tes émotions vont baisser en intensité et tu vas réduire le pouvoir qu'elles ont sur toi. À l'inverse, si tu n'écoutes pas ce qu'elles ont à te dire, elles vont augmenter en intensité et tu ne sauras plus les gérer.

IDENTIFIE TES ÉMOTIONS

Il existe plein de méthodes pour identifier et accepter ses émotions. Tu peux choisir de **t'isoler, de méditer, d'écrire ou de pleurer.** Mais je te propose ici un exercice, qui peut te sembler étrange au début, mais qui t'aidera à prendre du recul sur tes émotions et à les accepter davantage :

1. **Assieds-toi et ferme les yeux**.
2. **Imagine un personnage** qui t'observe.
3. **Il observe d'abord tes sensations physiques**. Que remarque-t-il ? Une boule dans le ventre, des épaules tendues, un mal de tête... ?
4. **Il observe ensuite tes pensées**. Qu'entend-il ? Je suis nul(le) ? Mes parents ne m'aiment pas ? Je ne veux pas déménager ?...
5. Essaye de **donner un nom à l'émotion** qui te submerge : es-tu triste, en colère ? Ressens-tu de la honte ou de la jalousie ? As-tu peur ? Si tu n'y arrives pas, ce n'est pas grave. Tu pourras recommencer plus tard.
6. À la fin, **prends un temps pour réfléchir** à ce que tu viens de vivre.

• •

LA COLÈRE

La colère se manifeste souvent lorsque **nos besoins ou nos valeurs ne sont pas respectés.**

On se met par exemple en colère quand une personne nous ment, que quelqu'un nous dénigre, ou que quelqu'un ne respecte pas les règles. On peut parfois aussi se mettre en colère face à une situation injuste qui nous échappe.

La colère est **une émotion qui monte très vite et fort**. Tes muscles se contractent (les poings et les mâchoires se ferment parfois), ta fréquence cardiaque s'accélère et tu ressens comme un coup de chaud : ton corps est prêt à « combattre ».

La colère est une émotion intéressante car elle révèle ce qui te tient le plus à cœur. Malheureusement, elle peut aussi **provoquer de sérieux dégâts si elle est mal gérée.**

Il faut donc **apprendre à l'atténuer.**

Comment faire ?

Il est d'abord préférable de quitter la situation qui t'as mis en colère. **Pars t'isoler** pendant plusieurs minutes.

Respire profondément pour calmer tes tensions. Contrairement à ce qu'on peut penser, il vaut mieux que tu ralentisses tes gestes pour relâcher tes muscles. Le fait de bouger ne fera que t'exciter encore plus. **Assieds-toi, ou mieux allonge-toi.**

Réfléchis à ce qui s'est passé et ce qui t'a mis en colère. Tente de comprendre ce que l'autre personne a touché chez toi, quel besoin ou quelle valeur elle n'a pas respecté.

Si tu t'en sens capable, retourne expliquer calmement à cette personne ce qui se passe en toi. Si tu ne peux pas le faire sans t'énerver, alors **parles-en à quelqu'un de confiance.**

Maintenant que tu connais la cause de ta colère, **anticipe les situations qui peuvent la provoquer.** Note sur un papier ce qui te touche, ce qui est important pour toi et explique-le aux personnes concernées.

COMMENT GÉRER LA COLÈRE ?

1. ISOLE-TOI
2. RESPIRE PROFONDÉMENT
3. RÉFLÉCHIS À CE QUI T'A MIS EN COLÈRE
4. PARLE À QUELQU'UN POUR TE LIBÉRER
5. ANTICIPE TES MOMENTS DE COLÈRE

 PETITE ASTUCE POUR ÉVITER LES CRISES DE COLÈRE À LA MAISON

Trouve **un nom ridicule** (comme « cucurbitacée », « pistou » ou « glaire ») et propose **un pacte à ta famille** : à chaque fois que quelqu'un ressentira de la colère, il prononcera ce mot. Tout le monde devra alors s'arrêter de parler et partir prendre une pause, puis revenir 5 minutes plus tard pour s'asseoir et discuter tranquillement.

LA TRISTESSE

La tristesse se fait sentir quand **quelque chose qui te faisait du bien a disparu et que ton cerveau réalise que c'est terminé.**

Tu peux par exemple te sentir triste quand un(e) ami(e) est sur le point de déménager, quand tu as perdu un objet qui t'était cher ou que tu viens d'apprendre que tu dois redoubler.

Tu as envie de **pleurer**. Tu te sens **fatigué(e) et irritable**. Tu n'as plus très faim. Tu as du mal à dormir. Surtout, tu te sens seul(e) au monde et tu as l'impression que personne ne comprend ce que tu ressens.

Voici quelques clés pour retrouver le sourire :

La première chose à faire si tu ressens de la tristesse, c'est de **l'exprimer** ! **Pleure, crie, écris**, mais surtout ne bloque pas tes émotions. Tu te sentiras beaucoup plus léger.

Ensuite, **parle de tes sentiments à quelqu'un**. Si tu gardes ta tristesse pour toi, l'émotion va augmenter de plus bel et risque de te submerger.

Enfin, **fais de l'exercice** : sors marcher, courir ou danser pour éliminer la tristesse. Ton corps et ton cerveau ont besoin de **tourner la page**. Faire de l'exercice va améliorer ton humeur.

Si malgré ces conseils, tu continues à te sentir triste, **parles-en le plus vite possible à quelqu'un de confiance ou à un professionnel (médecin, psychologue)**. Il y a toujours des solutions à la tristesse, tu as juste besoin de quelqu'un pour te guider.

COMMENT GÉRER LA TRISTESSE ?

1 EXPRIME-LA : PLEURE, CRIE, ÉCRIS

2 PARLE À QUELQU'UN POUR TE LIBÉRER

3 TOURNE LA PAGE : SORS, VOIS DU MONDE

4 PARLES-EN À UN PROFESSIONNEL QUI TE GUIDERA

LE STRESS ET L'ANXIÉTÉ

Le stress et l'anxiété sont deux émotions très communes.

On ressent du stress ou de l'anxiété face à un **évènement qui vient de se produire** ou un **évènement qui va se produire dans le futur**. Parfois, on est stressés pour des **choses qui n'ont quasiment aucune chance d'arriver**.

On est par exemple stressé lorsque l'on est sur le point de passer un examen. Ou que l'on va essayer un manège qui fait peur dans un parc d'attraction.

On peut alors parfois ressentir **de la nervosité, des maux de tête, des maux de ventre et avoir du mal à bien dormir**.

Il est parfaitement normal d'être stressé de temps à autre. Le stress est même une bonne chose dans la plupart des situations ! Si tu es stressé(e) à l'approche d'un examen par exemple, cela signifie que tu es prêt(e) à donner le meilleur de toi-même pour le réussir. **Le stress aide à surmonter les obstacles et à relever les défis.** Il te dit : « allez, bouge ! ».

Mais, si ton stress est trop fréquent ou trop intense, ou encore que tu angoisses pour des évènements qui n'ont que peu de chance de se produire, alors il peut te faire perdre tous tes moyens et altérer ta réussite.

Il faut donc **apprendre à gérer ton stress**.

Comment diminuer ton stress ?

Tout d'abord, essaye de déterminer **la cause de ton stress**. Cela te permettra de travailler sur elle directement.

Ensuite, **respire**. Quand on est stressé, on oublie tout simplement de respirer. Or, l'oxygénation de ton corps permet de relâcher les tensions physiques. Inspire et expire profondément et régulièrement.

Pour affronter le stress, ton corps a besoin d'une **alimentation saine** et d'une **bonne dose de sommeil** (7 à 10 heures). Si ce n'est pas le cas, ton système immunitaire va faiblir et les risques de tomber malade vont augmenter.

Fais de l'exercice. L'activité physique est un excellent moyen de se défouler et d'évacuer le stress.

S'il a lieu dans le futur, prépare-toi à l'évènement qui te stresse (si tu dois par exemple monter sur scène, faire un exposé, passer un examen etc...). Entraine-toi ou travaille dur. Plus tu seras préparé(e) et moins tu seras stressé(e) le jour J.

Si ton stress perdure, parles-en à un **professionnel de la santé**, qui t'aiguillera sur la méthode la plus adaptée à ta situation.

COMMENT GÉRER LE STRESS ?

1 TROUVE LA CAUSE DE TON STRESS

2 RESPIRE

3 MANGE BIEN, DORS BIEN, BOUGE

4 ANTICIPE LES SITUATIONS DE STRESS

5 PARLES-EN À QUELQU'UN

A TOI DE JOUER !

QU'EST-CE QUI T'APAISE QUAND TU ES STRESSÉ(E)?

Le lieu qui t'apaise :
_____
_____
_____

La musique qui t'apaise :
_____
_____
_____

Les personnes qui t'apaisent :
_____
_____
_____

Les animaux qui t'apaisent :
_____
_____
_____

Les activités qui t'apaisent :
_____
_____
_____

Les personnes à qui tu peux demander de l'aide :
_____
_____
_____

ÊTRE HEUREUX (HEUREUSE)

Est-ce que tu te réveilles le matin avec le sourire aux lèvres ? Est-ce que tu te couches le soir, en étant satisfait(e) de ce que tu as accompli dans la journée ?

Ces habitudes sont le quotidien des gens heureux.

Si ce n'est pas ton cas, pas de panique ! Être heureux est quelque chose qui s'apprend et se pratique. Il n'y a pas d'un côté les « élus » qui ne vivraient que des moments agréables et les « loosers » qui seraient condamnés à vivre déprimés toute leur vie.

Tu peux toi aussi être heureux (ou heureuse), et c'est quelque chose de très agréable et contagieux. Dans ce chapitre, nous allons découvrir comment rester positif, même dans les moments les plus durs, et comment se créer une vie qui apporte beaucoup de joie. Alors, commençons dès maintenant notre voyage vers le bonheur.

. . . .
FAIS CE QUI TE REND HEUREUX

C'est la première étape. Commence par **découvrir ce que tu aimes et mets-toi en action pour que ça arrive dans ta vie**.

Il vaut mieux faire des choses qui te rendent heureux (ou heureuse) et te passionnent plutôt que de faire des choses qui ne t'intéressent pas. De surcroît, cela te permettra de rencontrer des gens qui partagent tes centres d'intérêt. Tu multiplies ainsi tes chances de créer de belles connections avec eux et d'être heureux (heureuse).

N'attends pas l'approbation de ton entourage pour faire ce que tu as envie de faire. Nous voulons tous être appréciés et aimés, mais si l'on se fie à ce que les autres pensent de nous, alors on finit par adapter notre vie à leurs attentes au lieu de réellement faire ce qui nous plait dans la vie.

Quelles que soient tes aspirations dans la vie, **crois-y fermement** et ne tiens pas compte des critiques. Peu importe ce que les autres pensent de toi, garde le cap !

Si, aujourd'hui, tu n'as pas trouvé d'activité qui te plaise vraiment, ce n'est pas grave. **Essaye de nouvelles choses.** Rien ne t'empêche de t'inscrire dans un club ou de faire du bénévolat.

Beaucoup de personnes ont peur d'essayer de nouvelles choses parce qu'elles ont peur d'échouer. N'écoute pas cette peur. **Tu éprouveras une grande satisfaction à faire de nouvelles expériences.** Et c'est en tâtonnant que tu découvriras ta voie.

Fais preuve de créativité ! N'attends pas des autres qu'ils t'apportent ta vie idéale sur un plateau. Il se peut que cette vie n'existe pas encore. Retrousse tes manches et crée-la ! Imagine et invente l'activité de tes rêves, l'habitat de tes rêves, la vie de tes rêves.

•
RESTE POSITIF (POSITIVE)

Deuxième étape : apprécie ta situation telle qu'elle est. La vie a ses hauts et ses bas. C'est ainsi pour tout le monde. Mais les gens heureux savent comment gérer les aléas et voir le bon côté des choses en toutes circonstances.

Être heureux n'est pas un but, mais un **état d'esprit**. N'attends pas d'être heureux ou heureuse. **Choisis d'être heureux ou heureuse.** Par exemple, si tu vas à une fête, n'attends pas de voir si tu vas passer un bon moment. Décide à l'avance que tu vas bien t'amuser.

Il est de ton pouvoir personnel de percevoir le verre à moitié plein ou à moitié vide. Si tu prends un peu de recul et que tu observes ta vie, tu trouveras toujours quelque chose de positif.

Une façon de te rendre compte des choses positives de ta vie est de tenir un journal de gratitude, dans lequel **tu écriras, quotidiennement, trois choses agréables que tu as vécues dans la journée**. Ce peut être une bonne note que tu as obtenue, une personne qui t'a souri, une bonne nouvelle, un coup de téléphone d'un(e) ami(e), une météo clémente, une musique que tu as découverte etc..

Cela peut te paraître étrange, mais en faisant régulièrement cet exercice, **tu t'habitueras à porter davantage ton attention sur les bons moments.** En notant les belles choses de ta vie, tu apprécieras ce que tu as déjà et tu réaliseras que toi aussi, tu as de la chance.

Au bout de trente jours de pratique, tu ressentiras de nombreux effets bénéfiques, tant au niveau physique (meilleur sommeil), que moral (augmentation des émotions positives) et relationnel (meilleure qualité des relations).

Une autre façon de rester positif est **d'aider d'autres personnes à se sentir bien**. Ce peut être tout simplement de tenir la porte à quelqu'un, de soutenir un ami dans un moment difficile ou de participer à une œuvre caritative. Rendre les gens heureux te rendra heureux ou heureuse en retour.

Enfin, n'oublie pas que le bonheur est contagieux. **En t'entourant de personnes positives, il sera plus facile pour toi de voir les belles choses de la vie.** À l'inverse, si tu t'entoures de personnes négatives, qui se lamentent à longueur de journée, ce sera très compliqué de rester positif ou positive.

En résumé, fais tout ton possible pour faire ce que tu aimes dans la vie. Et dans le même temps, tâche d'apprécier ta situation actuelle et le chemin que tu as parcouru.

A TOI DE JOUER !

QUELLES SONT LES 3 CHOSES LES PLUS AGRÉABLES QUE TU AS VÉCUES AUJOURD'HUI ?

DATE DU JOUR : ....

1.

2.

3.

LES ÉTUDES

Savoir étudier est une compétence très importante quand on est encore jeune, comme toi.

Mais l'école ne s'arrête pas quand on décroche son diplôme à 18, 23 ou 25 ans. Ce serait terriblement triste de devoir s'arrêter d'apprendre et de ne plus rien à découvrir de la vie.

Il y a tellement de choses à savoir ! On peut apprendre tous les jours sans jamais arriver à saturation. Tout évolue très vite dans ce monde. Tu ne dois donc jamais cesser de te former pour rester à la page.

Pour réussir dans ta vie d'ado mais aussi d'adulte, tu dois donc absolument savoir comment apprendre efficacement. C'est-à-dire apprendre le plus de choses en y consacrant le moins de temps possible. Voici quelques conseils pour que ça devienne un véritable plaisir.

APPRENDS À PILOTER TON CERVEAU

Peu importe ce que tu apprends au collège ou au lycée. Le but de l'école est de t'entrainer à **piloter ton cerveau**. Les études te permettent de lui faire faire un peu d'exercice. Il s'habitue petit à petit à prendre l'information qu'on lui donne et à la lier à d'autres informations. Plus tu auras d'informations connectées dans ton cerveau, plus tu comprendras le monde et plus tu auras la possibilité de créer et d'inventer.

Même si tu n'aimes pas les matières qui te sont enseignées, prends-les pour des **opportunités d'exercer ton cerveau** et de **te challenger**. Ce ne sera pas du temps de perdu, bien au contraire. Tu vas apprendre à analyser, réfléchir, t'organiser, persévérer... Toutes ces compétences que tu développeras pendant tes études te permettront d'apprendre et de te former plus facilement sur des sujets qui te passionneront.

Prends du plaisir à aller à l'école, prends ça comme un défi ou une aventure. **Apprendre demande des efforts, certes, mais c'est aussi beaucoup de joie et de plaisir.** Surtout qu'à l'école, tu peux apprendre à apprendre au milieu de tes amis et en t'amusant. Alors profites-en !

SOIS ATTENTIF (ATTENTIVE) EN COURS

Pour bien apprendre et avoir de bonnes notes, il faut commencer par **bien écouter ce que te disent tes professeurs**.

Pour pouvoir être attentif, il faut être disposé à accueillir ce que le professeur va expliquer. Essaie de ne pas te laisser distraire par les copains ou par des pensées extérieures (« *qu'est ce qu'on mange à midi ? À quelle heure est mon cours de karaté etc....* »).

S'il y a des choses qui te préoccupent beaucoup et que tu n'arrives pas à écouter tes professeurs, trouve quelqu'un à qui en parler pour t'en libérer et trouver des solutions.

Il faut également que **tu écartes les pensées négatives** du style « je ne comprends rien », « je suis nul(e) », « je n'arriverai jamais à rien ». On ne nait pas nul ou bête ou incompétent pour toute sa vie. En travaillant et en persévérant, on finit toujours par réussir. Et la première des choses à faire, c'est d'être attentif en cours !

Pendant que le professeur donne ses explications, tu dois essayer de les faire exister dans ta tête. **Être attentif, c'est faire exister ce qu'on te raconte en images, en mots ou en sensations**. En histoire, essaie de t'imaginer ce que les gens ont pu vivre dans le passé. En géographie, fais voyager ton esprit dans différents pays. En anglais, imagine-toi dans les rues de Londres en train de discuter avec un autochtone etc...

ASSURE-TOI DE COMPRENDRE LES COURS

Apprendre une leçon par cœur sans la comprendre ne permet pas de la mémoriser. Imagine qu'on te demande d'apprendre une chanson. C'est la même chose : tu dois d'abord la comprendre pour pouvoir la retenir.

Chaque jour, en rentrant chez toi, **pose tes livres et tes cahiers fermés devant toi. Essaie de te rappeler ce que tu as appris dans la journée**. Raconte avec tes mots ce que tu as vu ou entendu. Puis relis tes cours pour **vérifier si ce que tu as compris correspond à ce qui t'a été expliqué**.

S'il y a quelque chose que tu ne comprends pas, demande à un(e) ami(e) ou à un professeur de t'aider.

Prends l'habitude de relire tes cours chaque jour, sans les apprendre. Cela te permettra de faire le lien avec les nouveaux cours.

APPRENDS À APPRENDRE

Attention, **comprendre une leçon ne suffit pas à l'apprendre**. Pourtant, on entend beaucoup d'adolescents, dire « c'est bon j'ai appris » alors qu'ils ont uniquement compris.

Ça veut dire quoi apprendre ?

Apprendre c'est se parler dans sa tête, se faire des images de ce qu'on apprend puis vérifier que cette image est correcte. Il faut sans cesse faire des aller-retours entre ce que tu sais et ce que tu dois apprendre.

Prenons un exemple très simple pour que tu comprennes bien : une leçon d'histoire sur la Seconde Guerre Mondiale.

❶ Lis ta leçon. Imagine-la comme un film de cinéma.

❷ Retourne-la et raconte l'histoire tout seul(e) à voix haute ou raconte-la à quelqu'un d'autre pour voir si tu as bien compris le sens de la leçon.

❸ Prends chaque paragraphe de la leçon. Raconte chaque paragraphe à voix haute sans regarder ton document.

❹ Compare chaque paragraphe avec le document. Vérifie que ce que tu as raconté correspond bien à la leçon.

❺ Fais ça pour toute la leçon.

Entraine-toi plusieurs fois jusqu'à ce que tu connaisses la leçon par cœur. Imagine-toi en train de la réciter devant toute ta classe.

Dans ce cas particulier de la leçon d'histoire, tu peux te faire une fiche en 2 colonnes avec d'un côté les dates historiques et de l'autre côté les évènements. Cache une des colonnes et essaie de te rappeler de ce qu'il y a d'écrit dans l'autre.

Tout le monde peut améliorer sa mémoire. Plus tu t'entraînes, et plus c'est facile.

Pour **mémoriser plus facilement une leçon** tu peux aussi :

- **L'écrire**. Tu peux la réciter sur ton cahier de brouillon puis la comparer avec la leçon dans ton cahier.
- **La chanter !** Ça ne marche pas toujours mais ça aide certaines personnes.
- **Faire des fiches,** pour noter et apprendre uniquement les informations essentielles à retenir.
- **T'exercer.** Compléter ta leçon par un grand nombre d'exercices va te permettre de vérifier que tu as bien tout compris. C'est particulièrement vrai dans certaines matières, comme les mathématiques.
- **L'enseigner !** On retient mieux quelque chose quand on est capable de l'expliquer à quelqu'un d'autre avec ses propres mots. N'hésite donc pas à aider tes camarades de classe, même si tu penses avoir tout compris.

STRATÉGIE POUR AVOIR DES BONNES NOTES

Tu veux connaitre la stratégie des meilleurs élèves de ta classe ? Je vais te dévoiler leurs secrets, tu n'auras plus qu'à faire comme eux pour avoir de très bonnes notes ! C'est très simple, ils suivent les étapes suivantes :

❶ Ils sont **attentifs en cours.**

❷ Ils s'assurent d'avoir **bien compris leurs cours.** S'ils ont des questions, ils les posent directement à leurs professeurs ou à leurs camarades.

❸ Ils **relisent leurs cours chaque jour** même s'il n'y a pas de contrôle Cela leur permet de faire le lien avec les nouveaux cours et ça leur fait gagner beaucoup de temps pour les révisions.

❹ Ils **s'entrainent** ! Ils savent apprendre leurs leçons. Ils les récitent à voix haute avant de comparer avec les leçons dans leur cahier. Ils font des exercices pour compléter leurs leçons.

❺ **Ils persévèrent**. S'ils obtiennent une mauvaise note, ils savent bien que ce n'est pas parce qu'ils sont nuls. C'est parce qu'ils n'ont pas bien compris les attentes de leur professeur ou que leur méthode de révision n'était pas adaptée. Ils redoublent alors d'efforts !

Ne crois pas les camarades qui se vantent d'obtenir de bonnes notes sans rien faire. **Réussir ses études** demande forcément des **efforts et de la persévérance**.

Si tu réussis à avoir les notes que tu souhaitais, alors **félicite-toi** ! Fête-le avec ton entourage ou offre-toi quelque chose qui te fait plaisir. Ton cerveau a besoin de se faire plaisir. **En te faisant plaisir, le cerveau associera l'effort à quelque chose de positif. Et tu prendras du plaisir à poursuivre tes efforts !**

COMMENT RÉUSSIR À FAIRE SES DEVOIRS QUAND ON N'EN A PAS ENVIE ?

Tu as plein de choses à réviser, mais tu n'arrives pas à décoller de ton lit. Tu prends ton smartphone, tu regardes tes messages. Le temps passe. Et tu n'arrives toujours pas à te lever. « J'ai la flemme » soupires-tu. La journée passe et tu commences à te sentir frustré(e) de n'avoir absolument rien fait. Tu avais pourtant prévu plein de choses ! Comment faire pour te mettre au travail ?

❶ **Bouge !** Avant de passer à tes devoirs, sors marcher, fais quelques pompes, fais un peu de cuisine ou de jardin. C'est en bougeant que tu vas activer ton énergie.

❷ **Installe-toi dans un endroit favorable**. Tu dois avoir un espace de travail propre et calme. Mets-toi un peu de musique si ça t'inspire.

❸ **Fixe-toi des petits objectifs**. Si tu te donnes pour objectif de réviser tous les chapitres de ton cours pour un contrôle, ton cerveau ne va pas l'accepter. Il sait pertinemment que cela représente trop de travail. Et comme il n'a pas envie d'être frustré par un échec, alors il préfère ne rien faire.

Pour remédier à ça, fixe-toi des objectifs plus petits. Et si tu révisais 5 minutes, là, maintenant ? Cinq minutes ce n'est pas beaucoup... et c'est mieux que de ne rien faire ! Lance-toi le défi !

Cinq minutes de révisions, ça va te paraitre facile. Au bout du temps imparti, tu seras satisfait(e) d'avoir atteint ton objectif. Et c'est sûr, tu en redemanderas : après une courte pause, tu pourras réviser 5 minutes de plus, non ?

❹ **Récompense-toi**. Si tu as réussi à atteindre ton petit objectif, alors fais quelque chose qui te fait plaisir : fais une petite pause, mange un petit gâteau, appelle un(e) ami(e) etc... Les récompenses motivent !

A TOI DE JOUER !

CHECKLIST D'UNE LEÇON À APPRENDRE

Coche les cases à chaque fois que tu as terminé une étape.

ETAPE	A FAIRE	
1	Je lis ma leçon et je me rends compte si j'ai des difficultés à comprendre	☐
2	Je réfléchis : est-ce que je vois bien ce qu'il faut retenir ?	☐
3	Je m'interroge : est-ce que je suis sûr(e) de connaitre ma leçon ? Je ferme mon cahier et je la récite à voix haute ou je l'écris.	☐
4	Je m'auto-évalue : je compare avec ma leçon dans mon cahier. Est-ce que je la sais ?	☐
5	Je sais ma leçon : je suis capable de la réciter cahier fermé.	☐

L'HYGIÈNE ET LA TOILETTE

Pour être en bonne santé, il faut faire attention à son hygiène corporelle. Il faut se laver régulièrement les mains et les dents et prendre des douches.

Mais ça ne concerne pas que ta santé. Si tu ne te laves pas, tu vas rapidement dégager une mauvaise odeur ou une mauvaise haleine, ce qui n'est pas agréable pour les personnes qui te côtoient. C'est d'autant plus vrai qu'à l'adolescence, tu produis une plus grande quantité de sueur qui est aussi plus odorante ! La faute aux glandes apocrines...

Si tu ne veux pas rebuter tout le monde, lis attentivement les conseils qui suivent.

• •

BIEN SE LAVER LES MAINS

Tout le long de ta journée, tu touches des objets et des surfaces qui ont également été touchés par d'autres personnes. **Tes mains se transforment alors en énorme nid à bactéries et germes.** Si tu ne te les laves pas, tu risques d'attraper des maladies, comme la gastroentérite, le rhume, la grippe ou le COVID. 70% des rhumes sont causés par les mains !

Pas la peine de se laver excessivement les mains par peur de tomber malade. **Mais, a minima, tu devrais te laver les mains :**

- Avant de préparer à manger
- Avant de manger
- Après être allé(e) aux toilettes
- Après avoir toussé ou éternué dans tes mains

Il vaut mieux également se laver les mains après avoir serré d'autres mains, ou après les avoir mises en contact sur des surfaces sales ou touchées par de nombreuses personnes avant toi (la barre du métro, les poubelles, des poignées de porte etc...).

Pour qu'**un lavage de mains efficace** : mouille-toi les mains avec de **l'eau tiède ou chaude** et du **savon**. Fais mousser tes mains en les frottant l'une contre l'autre. Frotte bien **entre tes doigts** et **sous tes ongles**. Puis **rince**. Le lavage doit durer au moins **20 secondes**.

COMMENT LAVER SES MAINS EN

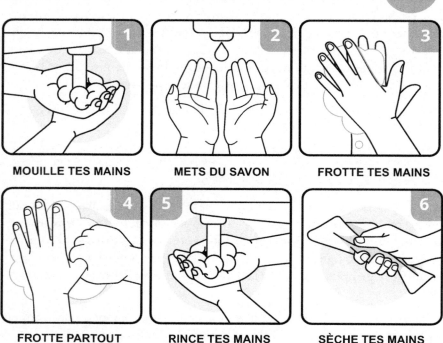

SE BROSSER EFFICACEMENT LES DENTS

Avoir de belles dents, c'est plus séduisant !

En effet, si tu ne te les brosses pas, des débris alimentaires vont se retrouver entre tes dents. Les bactéries vont se charger de transformer ces débris en acide. Peu à peu, l'acidité dans la bouche va augmenter, ce qui va entraîner l'érosion de tes dents et une plus grande vulnérabilité aux caries.

Il faut donc **se brosser les dents au moins deux fois par jour pendant 2 minutes** pour éviter ce genre d'inconvénients. Cela permet également d'avoir une haleine toute fraiche, surtout après le réveil.

Pour nettoyer correctement tes dents, il faut :
- Te brosser les dents **de la gencive vers la dent** et uniquement dans ce sens. Pour les dents du haut et les dents du bas. Et de chaque côté de la dent. Répète ce geste 2 fois par groupe de 2 dents.
- Te brosser ensuite le **dessus de tes dents en faisant des va-et-vient,** au moins dix fois par côté.

SE BROSSER LES DENTS EN

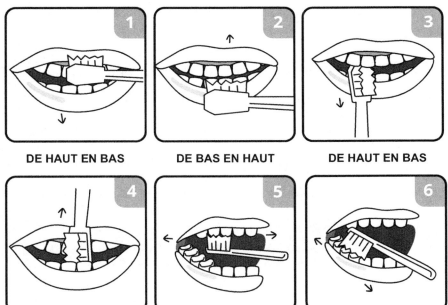

SE DOUCHER QUOTIDIENNEMENT

Pour débarrasser ta peau de la sueur et des bactéries et ne pas sentir mauvais, je te conseille de prendre **une douche une fois par jour, le matin ou le soir.**

Pour sentir bon, tu dois également **changer chaque jour de sous-**

vêtements et de chaussettes. Tes autres vêtements doivent être lavés régulièrement.

AVOIR DE BEAUX CHEVEUX

Il n'y a pas de fréquence idéale, mais **un ou deux lavages de cheveux par semaine est une bonne moyenne.** Si tu les laves plus souvent, ils graisseront plus vite.

Utilise de préférence des **shampooings doux**, pour ne pas abîmer le cuir chevelu. Tu peux appliquer de l'huile végétale sur tes cheveux secs pour les fortifier rapidement. Une fois que tu as appliqué l'huile, masse ton cuir chevelu. Laisse reposer 30 minutes, puis procède au lavage avec shampooing.

Coupe régulièrement les pointes, tous les 3 à 4 mois environ, pour supprimer les fourches et rendre des cheveux plus forts.

Évite au maximum les décolorations, lissages, défrisages, permanentes etc... pour ne pas abîmer tes cheveux. Ils sont plus beaux au naturel.

AVOIR UNE BELLE PEAU

Ta jeune peau produit beaucoup de sédum. C'est une sécrétion grasse qui a tendance à boucher les pores de ta peau et à créer des boutons. Tu dois donc **te laver le visage au moins deux fois par jour, le matin et le soir.** N'utilise pas de savon classique, car ta peau peut être irritée par une hygiène trop agressive. Choisis plutôt un **savon doux**.

Pour éviter l'acné, **fais attention à ton alimentation**. Les sodas et les aliments riches en graisses industrielles favorisent les boutons.

Pour hydrater ta peau et pour qu'elle reste saine, **bois beaucoup** (ta peau est composée à plus de 60% d'eau !).

Si tu as des boutons, tu peux camoufler tes imperfections avec des sticks correcteurs ou des stop-boutons. Demande conseil à ton pharmacien. Il pourra éventuellement t'orienter vers des crèmes.

Si cela ne suffit pas, tu devras consulter un **dermatologue**.

POUR LES FILLES

Si tu es une fille, tu as sans doute remarqué que tes règles avaient une odeur particulière.

C'est parfaitement normal, car il s'agit d'un mélange de sang, de muqueuse utérine, de mucus vaginal et de bactéries. Ce n'est pas sale du tout mais ça demande une hygiène particulière.

Pour éviter les mauvaises odeurs (et aussi les infections !), il faut absolument que tu changes très régulièrement tes protections périodiques.

Si tu utilises des **serviettes ou des tampons** : change-les toutes les **4 à 6 heures**, sans jamais dépasser ce temps, pour éviter l'accumulation de bactéries.

Même chose si tu utilises une **coupe menstruelle** : vide-la et rince-la toutes les **4 à 6 heures**.

Si tu portes une **culotte menstruelle**, tu peux la porter **toute la journée**, mais mieux vaut la changer le soir en rentrant pour éviter des odeurs trop importantes.

Il existe de nombreux produits d'hygiène féminine, mais il n'est pas conseillé de les utiliser. Ton vagin est protégé par une flore vaginale qui va lutter elle-même contre les mauvaises bactéries. Si tu te laves trop, tu risques de détruire cette flore et donc, de sentir encore plus mauvais !

SE RASER

Il n'est pas obligatoire de se raser. Mais si tu souhaites le faire, sache que le principe est sensiblement le même pour toutes les zones du corps, qu'il s'agisse de se raser la barbe, les jambes ou les aisselles. Le plus important à retenir des conseils à suivre est de **bien protéger ta peau en l'hydratant,** sinon elle risque de **s'assécher et de s'abîmer** !

1. Il faut d'abord **bien hydrater ta peau avec de l'eau.** L'idéal est de te raser sous la douche. L'eau chaude va faciliter la coupe des poils.

2. **Applique une mousse ou gel à raser** sur la partie du corps

concernée, pour garder la peau bien hydratée.

3. **Passe le rasoir lentement et sans appuyer trop fort, dans le sens du poil, ou à rebrousse-poil.** Pour le rasage des jambes, fais particulièrement attention aux **genoux et aux chevilles**, passe le rasoir très doucement pour ne pas te couper. Pour les aisselles, passe le rasoir de haut en bas, puis de bas en haut, puis en travers.

4. **Rince régulièrement la lame** pour ne pas qu'elle soit obstruée par des poils.

5. **Rince-toi ensuite la partie du corps que tu as rasée**, si possible à l'eau froide pour resserrer les pores.

6. Si besoin, **hydrate ta peau après le rasage** avec une crème.

A TOI DE JOUER !

CHECKLIST DU MATIN POUR ÊTRE PROPRE ET SENTIR BON

- [ ] Je me suis lavé(e) les dents
- [ ] Mes vêtements ne sentent pas mauvais
- [ ] Mes chaussures ne sentent pas mauvais
- [ ] J'ai pris une douche hier ou ce matin
- [ ] J'ai mis des sous-vêtements propres
- [ ] Mes ongles sont propres
- [ ] Mes cheveux sont propres
- [ ] Je me suis lavé(e) les mains après être allé(e) aux toilettes

LES PREMIERS SECOURS

Il est important d'apprendre très tôt les gestes des premiers secours.

Un accident peut survenir à n'importe quel moment, à la maison, dans la rue, en cours... Il peut s'agir d'une personne qui fait un malaise, d'un accident domestique, d'un accident de la route, d'un incendie ou encore d'une catastrophe naturelle. Face à une personne en danger, les bons réflexes peuvent parfois sauver une vie.

De plus en plus d'établissements scolaires proposent des formations aux premiers secours. C'est peut-être le cas de ton collège ou de ton lycée. Une piqûre de rappel ne fait jamais de mal.

RÉAGIR EFFICACEMENT EN CAS D'URGENCE

Voici quelques conseils de base pour pouvoir réagir efficacement en cas de problème :

❶ **Reste calme.** C'est plus facile à dire qu'à faire, mais c'est très important. Rester calme va te permettre de prendre de meilleures décisions. Cela incitera les gens autour à rester calme également.

❷ **Analyse la situation.** Avant de faire quoi que ce soit, prends quelques secondes pour analyser ton environnement. Es-tu toi-même en sécurité ? Y-a-t'il des risques que quelque chose prenne feu ou explose ? Si c'est le cas, commence par te protéger.

❸ **Appelle les urgences.** Tu dois connaitre par cœur les numéros suivants :

- 15 : le Samu pour tout problème de santé
- 18 : les pompiers pour un accident, un incendie ou tout problème de secours
- 17 : la police ou la gendarmerie pour tout problème de sécurité
- 112 : pour toute urgence si tu circules en Europe

N'appelle jamais les urgences pour faire des blagues. Les **canulars** sont des **délits sévèrement punis par la loi** et **passibles de sanctions pénales** (prison, amende).

❹ **Suis les instructions de ton interlocuteur.** Il t'indiquera la démarche à suivre. Il t'expliquera, le cas échéant, comment aider les personnes qui ont besoin de ton assistance.

LES NUMÉROS DE TÉLÉPHONE À CONNAITRE

SAMU   POLICE OU GENDARMERIE   POMPIERS

QUE DIRE AUX URGENCES ?

1) **Compose le numéro** sur ton téléphone

2) Essaye de **parler calmement et distinctement** pour que la personne au bout du fil te comprenne bien.

3) Donne **le lieu** où tu te trouves et **ton nom**.

4) **Explique ta situation** le plus précisément possible à ton interlocuteur : le problème, le nombre de personnes concernées, leur âge approximatif, l'état des victimes, les risques éventuels (incendie, explosion, blessures...), les premières mesures prises.

Suis les instructions que ton interlocuteur te donnera éventuellement.

5) **Ne raccroche pas** tant que ton interlocuteur ne t'invite pas à le faire.

LES INFORMATIONS À TRANSMETTRE AU TÉLÉPHONE

1 LE LIEU OÙ TU TE TROUVES

2 TON NOM ET TON PRÉNOM

3 LES CIRCONSTANCES DE L'ACCIDENT

4 LES VICTIMES : NOMBRE ET ÂGE

5 LES GESTES DÉJÀ EFFECTUÉS

6 TON NUMÉRO DE TÉLÉPHONE

7 NE RACCROCHE PAS TANT QUE TON INTERLOCTEUR NE T'A PAS INVITÉ À LE FAIRE

LES SOINS BASIQUES

Dans ce chapitre, tu apprendras quelques étapes à respecter en cas de premiers soins basiques. Ce ne sont pas des conseils médicaux, mais des **premiers réflexes à avoir en cas de blessure bénigne**. Au moindre doute sur la gravité de la situation, tu dois **appeler les urgences**.

QUE FAIRE EN CAS DE COUPURE ?

En cas de coupure, tu dois essayer de **stopper le saignement** le plus rapidement possible.

1) **Applique une compresse propre** sur la blessure pendant **plusieurs minutes**.
2) À l'arrêt du saignement, **nettoie la blessure** avec de l'eau chaude et du savon.
3) Applique un **antiseptique** ou quelques gouttes de vinaigre blanc.
4) Enfin, applique un **pansement**.

En cas de coupure plus importante, n'enlève pas l'objet qui peut se trouver dans la plaie (comme du verre ou un couteau), car cela va aggraver la blessure. Appelle le 15 et suis leurs instructions.

QUE FAIRE EN CAS DE COUPURE ?

QUE FAIRE EN CAS DE BRÛLURE ?

Si ta peau rentre en contact avec un objet ou une substance brûlante et qu'elle devient rouge (sans cloque), tu dois essayer de **refroidir la zone brûle le plus rapidement possible**.

1) Fais **couler de l'eau fraiche** sur la brûlure pendant **au moins 15 minutes.**

2) **Sèche la peau** en taponnant avec une serviette propre, sans frotter.

3) **Recouvre la brûlure** d'un pansement stérile qui n'adhère pas à la peau.

4) Demande conseil auprès de ton pharmacien pour **une crème à**

appliquer sur ta brûlure.

Si la brûlure est très étendue ou grave, contacte rapidement les secours pour qu'ils puissent te guider dans les premiers soins et te prendre éventuellement en charge.

QUE FAIRE EN CAS DE BRÛLURE ?

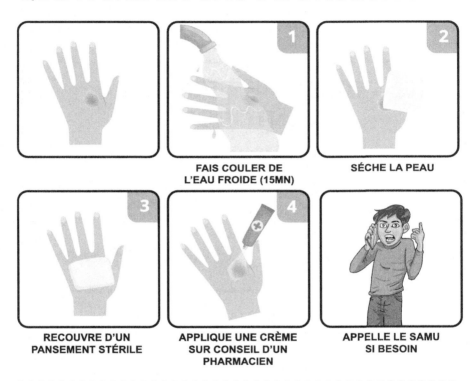

QUE FAIRE EN CAS D'ENTORSE ?

Une entorse est un étirement ou une déchirure d'un ou de plusieurs ligaments d'une articulation. C'est une blessure courante, surtout chez les sportifs. En cas d'entorse, applique les 4 règles du **protocole GREC** (**G**lace **R**epos **É**lévation **C**ompression) :

1) **GLACE** : mets de la glace pour limiter le gonflement, pendant au moins 20 minutes. Mets un linge entre la blessure et la glace pour éviter une brûlure par le froid.

2) **REPOS** : il faut mettre ton articulation au repos.

3) **ÉLÉVATION** : surélève ta jambe pour éviter que l'articulation ne gonfle trop.

4) **COMPRESSION** : compresse ton articulation avec un bandage, pas trop serré, pour éviter qu'elle ne bouge trop.

Il est préférable que tu appelles ensuite ton médecin pour obtenir des conseils. Si tu ressens une douleur intense, que tu es sur le point de t'évanouir, que tu as entendu un craquement, que tu ne peux plus marcher ou que le gonflement s'étend, consulte sans attendre ton médecin ou appelle les secours. Il peut s'agir d'une fracture.

QUE FAIRE EN CAS DE SAIGNEMENT DE NEZ ?

Prends un mouchoir et **compresse la narine pendant 10 petites minutes** pour arrêter le saignement.

Évite d'incliner ta tête en arrière, tu risquerais d'avaler ton sang, ce qui n'est pas très agréable.

Si le saignement est abondant, préviens les secours.

QUE FAIRE EN CAS D'ÉTOUFFEMENT ?

L'étouffement survient souvent au cours d'un repas.

1) **Demande à la victime de parler ou de tousser.** Si elle peut le faire, c'est que ses voies respiratoires ne sont que partiellement obstruées.

2) Penche-la en avant et **donne-lui 5 claques maximum** dans le dos, **entre les omoplates.**

3) Si la victime n'a pas rejeté l'objet, alors fais-lui **5 compressions abdominales maximum.**

    Pour faire une compression abdominale, tiens-toi derrière elle et place tes bras autour de la partie supérieure de son abdomen. Enfonce fortement ton poing vers toi et vers le haut.

4) Si les compressions n'ont pas fait d'effet, **alterne 5 claques puis 5 compressions.**

Si l'objet n'a toujours pas été délogé, pose délicatement la victime au sol et appelle les secours.

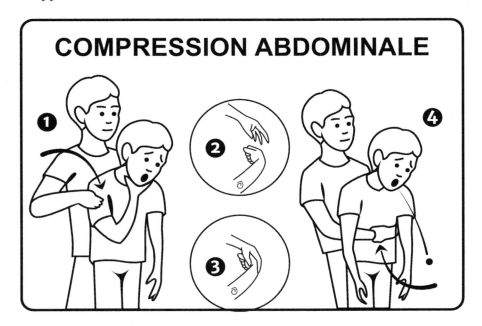

ET SI LA VICTIME EST INCONSCIENTE ?

❶ Si tu trouves en présence d'une personne qui est inconsciente, mais qui respire encore, alors il faudra la placer en PLS **(Position Latérale de Sécurité)**. En effet, en cas de perte de conscience, nos muscles se relâchent, notre langue peut chuter au fond de la gorge et provoquer une obstruction des voies aériennes. On peut éviter cela en positionnant la victime en PLS.

❷ **Vérifie si la personne est consciente.** Pose-lui des questions toutes simples : « est-ce que vous m'entendez ? » ou « serrez-moi la main »

❸ **Si elle ne répond pas, vérifie qu'elle respire.** Place une main sur le front de la victime et bascule délicatement sa tête vers l'arrière. Place deux doigts sous le menton de la victime et soulève-le pour décoller la langue du fond de la gorge. Vérifie si le ventre se soulève ou pas. Écoute les bruits de la respiration en approchant ton oreille de sa bouche, et essaye de sentir le souffle de sa respiration.

❹ **Si elle respire, mets la victime sur le côté.** Place son **bras** le plus proche de toi à **l'angle droit de son corps**. Plie le coude. La paume de sa main doit être tournée vers le haut.

❺ Saisis l'autre bras de la victime et **place le dos de sa main contre son oreille** (celle qui est vers toi). Avec l'autre main, **attrape la jambe opposée, juste derrière le genou. Relève-la**, tout en gardant le pied au sol. Garde ta main pressée contre son oreille.

❻ **Fais rouler la victime** en tirant sur sa jambe jusqu'à ce que le genou touche le sol.

❼ **Vérifie que la bouche de la victime soit ouverte,** au cas où elle vomirait.

❽ **Demande à quelqu'un d'appeler les secours ou fais-le si tu es tout(e) seul(e).** Reste auprès de la victime jusqu'à l'arrivée des secours et vérifie régulièrement que sa respiration est normale.

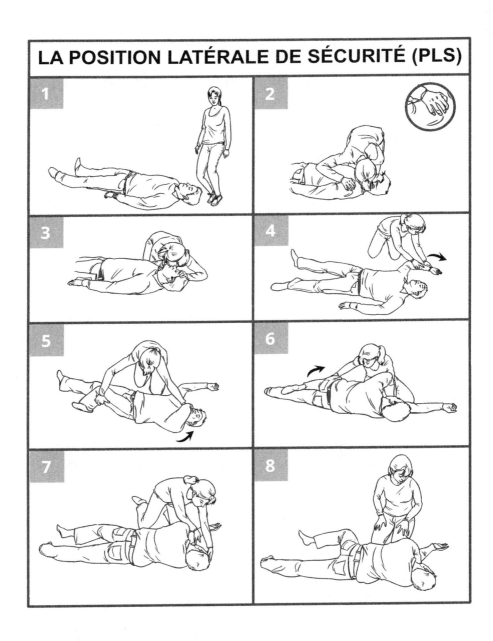

A TOI DE JOUER !

SI TU VEUX TE FORMER AUX PREMIERS SECOURS

La **formation PSC1** (Prévention et Secours Civique de niveau 1) permet de se former aux gestes de premiers secours. Elle est très souvent dispensée dans les **collèges**. Elle est également proposée par de nombreuses **associations agréées** en France et est **ouverte à partir de 10 ans**. Certaines de ces associations ont des **sections jeunesse** (la Croix Rouge par exemple). Adresse-toi directement à elles si tu souhaites en savoir plus.

SI TU VEUX DEVENIR JEUNE POMPIER VOLONTAIRE

Si tu as entre 11 et 18 ans, tu peux aussi devenir **JSP (Jeune Pompier Volontaire).** Les activités ont souvent lieu le mercredi ou le samedi. Tu te formeras auprès de pompiers aux **gestes qui sauvent**, tu découvriras le **matériel et les techniques de lutte contre les incendies** et tu feras beaucoup de **sport**. Pour connaitre les sections JSP les plus proches de chez toi, cherche sur Internet le numéro de l'Union Départemental des Sapeurs-Pompiers (UDSP) de ton lieu de résidence et contacte-les.

L'ARGENT

Gérer son argent, c'est facile, mais on ne nous explique pas souvent comment faire, ni à l'école, ni à la maison.

En appliquant les quelques conseils que tu vas lire dans ce chapitre, tu vas acquérir rapidement les bons réflexes pour gérer tes finances efficacement et préparer ton avenir sereinement. Je ne pense pas que tu deviennes riche avant tes 16 ans (mais pourquoi pas ?), mais tu auras de bonnes bases pour l'être plus tard si tu le souhaites.

Dans ce chapitre, nous verrons comment : **gagner de l'argent, l'épargner et le dépenser raisonnablement.** Ce sont 3 compétences fondamentales à acquérir pour ta vie d'adulte. Mais avant cela, voyons comment **faire un budget**.

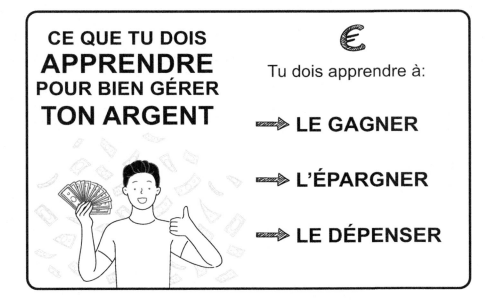

SAVOIR FAIRE UN BUDGET

Avant même de gagner de l'argent et de le dépenser, il faut que tu comprennes comment faire un budget.

Voici comment procéder :

Étape 1. Additionne tous tes « revenus », c'est-à-dire l'argent que tu vas gagner ou recevoir : argent de poche, Noël, anniversaire etc...
<u>Exemple</u> : Les parents de Lucile vont lui donner, comme d'habitude, 20€ d'argent de poche. Lucile va aussi recevoir 25€ pour son anniversaire de la part de sa mamie. Lucile va donc posséder 45€ (20 + 25 = 45).

REVENUS
20€
+ 25€
= 45€

Étape 2. Additionne toutes tes dépenses prévues, c'est-à-dire tout ce que tu comptes acheter : les cadeaux, les vêtements, les friandises...

<u>Exemple</u> : Avec son argent de poche, Lucile prévoit de dépenser ce mois-ci :
- 20€ en friandises et gâteaux achetés au distributeur de son lycée.
- 10€ pour fêter son anniversaire dans un fastfood avec des amis.

Cela lui fait donc 30€ de dépenses (20 + 10 = 30).

DÉPENSES

20€
+ 10€
= 30€

Étape 3. Compare tes revenus et tes dépenses.

Inscris sous forme de tableau, en 2 colonnes, le total de tes « revenus » et le total de tes dépenses.

Exemple : le budget de Lucile.

Revenus		Dépenses	
Argent de poche	20€	Gâteaux	20€
Mamie	25€	Anniversaire	10€
TOTAL : 45€		TOTAL : 30€	

ÉPARGNE

45€
- 30€
= 15€

Lucile a un **budget excédentaire,** ses revenus (45€) sont supérieurs à ses dépenses (30€). C'est la **situation idéale** : Lucile économise de l'argent. Dans son cas, elle économise 15€. C'est ce que l'on appelle l'épargne. Grâce à l'argent économisé, elle pourra plus tard réaliser ses projets : acheter un jeu, un cadeau etc...

Quand les dépenses sont égales aux revenus, on dit que le **budget est équilibré**. C'est une situation saine mais précaire. On ne peut pas générer d'épargne, ni faire face aux dépenses imprévues. Il faut donc penser à une solution pour augmenter les revenus ou diminuer les dépenses.

Quand les dépenses sont supérieures aux revenus, on dit que le **budget est déficitaire**. C'est la pire des situations. Tu es encore jeune, donc ça ne devrait pas être le cas pour toi. Mais sache que les adultes qui ont un budget déficitaire se retrouvent dans une spirale d'endettement. Ils doivent emprunter de l'argent pour subvenir à leurs besoins. Ils devront rembourser la somme empruntée plus tard, avec des intérêts. Cela veut dire qu'ils devront non seulement rembourser l'argent emprunté mais aussi donner de l'argent en plus au prêteur, pour le service rendu.

COMMENT GAGNER DE L'ARGENT

L'argent ne tombe pas du ciel, c'est le fruit d'un travail. Je ne te cache pas que quand on est âgé de moins de 16 ans, il n'est pas facile de gagner de l'argent. En effet, tu n'as légalement pas le droit de travailler ni de créer ton entreprise.

Mais ne baisse pas les bras pour autant ! Il existe tout de même quelques astuces pour gagner des petites sommes d'argent.

Comme tu es encore jeune, le moyen le plus simple pour gagner de l'argent est de **rendre des services à tes parents**. Propose-leur d'effectuer des tâches ménagères contre un complément d'argent de poche (faire le ménage, tondre le gazon, laver la voiture etc...). Attention, tes parents ne seront peut-être pas d'accord pour te donner un petit billet, s'ils estiment que c'est de ton devoir de contribuer aux tâches quotidiennes. S'ils acceptent, ne bâcle pas ton travail, tu dois leur prouver que tu es digne de confiance.

Tu peux aussi **proposer des services à tes voisins**. Il y a peut-être des personnes dans ton quartier qui accepteraient ponctuellement de l'aide pour tondre leur pelouse, déménager des affaires, laver la voiture, arroser les plantes pendant leur absence etc... Tes parents doivent donner leur accord avant que tu te lances dans l'aventure.

Si tu es suffisamment mature pour qu'on te confie des responsabilités, tu peux aussi proposer à des personnes de ton entourage de garder leurs animaux, de les nourrir ou de jouer avec eux. C'est ce que l'on appelle du **pet-sitting**. N'oublie pas que prendre soin d'un animal n'est pas une chose facile. Il se peut que l'animal en question ait un problème de santé ou un accident, il faut donc que tu saches faire face à ces imprévus.

Une autre méthode pour gagner de l'argent quand on est encore jeune est de **vendre les objets dont on ne se sert plus**. Tu peux revendre tes livres, tes jouets, tes jeux vidéos, tes vêtements. Tu peux demander à tes parents de participer à une brocante ou à un vide-grenier. Tu peux aussi revendre tes affaires sur des sites Internet, tels que Le Bon Coin, Ebay ou Vinted.

Si tu as de l'imagination, tu peux **fabriquer et vendre tes propres créations** (bijoux, bougies, objets, t-shirts etc...) sur des marchés ou sur des plateformes en ligne, comme Etsy.

Nous ne t'avons présenté ici que quelques idées pour gagner de l'argent. **Il en existe d'autres : faire de la figuration pour un film, vendre du muguet, créer une application, faire un blog, écrire des livres etc...** N'hésite pas à faire des recherches sur Internet et à demander aux gens autour de toi s'ils ont besoin d'un service en particulier.

Si tu es motivé(e) pour gagner de l'argent, tu dois faire preuve de créativité et de pugnacité. Gagner de l'argent demande du temps et des efforts. Mais ton travail sera récompensé et tu ressentiras une grande satisfaction à percevoir tes premiers deniers.

EST-IL POSSIBLE D'AVOIR UN JOB ?

Avant 16 ans, malheureusement, tu ne pourras pas postuler pour un emploi (sauf cas particuliers, comme un emploi sous contrat d'apprentissage). Patience, à partir de 16 ans, il te sera possible de travailler dans certains secteurs, avec l'autorisation de tes parents. Puis, à ta majorité, à 18 ans, tu pourras prétendre à tout type de travail.

Cependant, même si tu es encore trop jeune pour avoir un job, **tu peux d'ores et déjà commencer à y songer !**

Pose-toi la question : quel type de travail aimerais-tu avoir plus tard ? Pour le savoir, fais d'abord **un point sur tes centres d'intérêt**. Est-ce que tu préfères travailler tout seul en équipe ? Dehors ou en intérieur ? Est-ce que tu aimes la nature, les animaux, les voitures, les enfants, l'art... ? Toutes ces questions peuvent te permettre de trouver un travail qui t'intéresse.

Tu peux aussi réfléchir à **tes forces, aux domaines dans lesquels tu es bon(ne)**. Sais-tu bricoler ? As-tu déjà fabriqué des objets ? Es-tu bon(ne) en écriture et en orthographe ? Es-tu à l'aise à l'oral ? As-tu déjà travaillé avec des enfants ? Cela peut t'aider à t'orienter vers des métiers pour lesquels tu es compétent(e).

N'hésite surtout pas à poser des questions aux personnes qui travaillent autour de toi !

EST-IL POSSIBLE DE CRÉER UNE ENTREPRISE ?

En France, tu as besoin d'attendre 16 ans pour créer ton entreprise (sous certaines conditions et avec autorisation de tes parents dans la majorité des cas). Avant 16 ans, l'entreprise sera forcément au nom de tes parents.

Mais rien ne t'empêche de faire preuve de créativité et de réfléchir à ta future entreprise. Tu peux très bien commencer à fabriquer ce que tu souhaiterais vendre plus tard et voir si ton produit plait autour de toi ! Si ce n'est pas le cas, alors tu as du temps pour le modifier, l'améliorer et le tester à nouveau.

COMMENT DÉPENSER TON ARGENT

Tu as un peu d'argent et tu as envie d'en profiter, c'est bien normal ! Mais attention à ne pas le dépenser frénétiquement, sans réfléchir, car tu risques de te retrouver rapidement sans un sou.

Pour bien gérer ton argent, il faut que tu sois conscient(e) de ce que tu dépenses. Prends un carnet et un crayon et note le montant de chacune de tes dépenses (les petits gâteaux, les friandises..). Tu auras ainsi une idée de ce que tu dépenses par jour, par semaine et par mois. Prends cette habitude le plus vite possible, elle te rendra beaucoup service quand tu seras adulte.

Ensuite, **prends ton temps pour acheter**. Avec Internet, tu peux acheter un produit en un seul clic. Résiste à cette tentation. Si tu as besoin d'un objet ou d'un vêtement, prends un jour entier pour prendre une décision. Tu auras ainsi le temps de réfléchir à tes priorités et déterminer si cet achat est vraiment important pour toi. **Il faut faire la différence entre tes besoins et tes désirs, pour dépenser ton argent raisonnablement.** Par exemple, si tes chaussures sont trouées et que tu dois t'acheter une nouvelle paire, tu réponds à un **besoin**. Mais si tu achètes une paire de chaussures parce qu'elles sont à la mode, alors il s'agit d'un **désir**. Demande-toi si ça en vaut vraiment la peine.

SI TU VEUX ACHETER QUELQUE CHOSE SUR INTERNET

❶ **Préviens tes parents.** Demande à un adulte de rester à tes côtés, pour superviser tes achats.

❷ **Compare les prix.** Plusieurs sites web vendent le même produit. Compare leurs prix avant d'acheter.

❸ **Lis les commentaires,** pour être sûr(e) que ton achat en vaut la peine.

❹ **Vérifie la fiabilité du site Internet,** pour des raisons de sécurité, avant de communiquer tes informations bancaires. C'est pourquoi il est important qu'un adulte soit auprès de toi pour t'aider.

COMMENT ÉPARGNER ?

Épargner, c'est mettre de l'argent de côté régulièrement. C'est une des compétences les plus importantes que tu puisses apprendre pour préparer ta vie d'adulte.

On peut épargner rapidement beaucoup d'argent. Si tu mets 5€ de côté par mois, tu auras 60€ d'épargne à la fin de l'année, ce qui n'est pas négligeable. Cela peut te servir à acheter un objet que tu convoites depuis longtemps.

Économiser pour économiser devient vite ennuyeux. Mais économiser pour réaliser ses envies et ses rêves devient vite passionnant. Ça te donne un réel sentiment d'accomplissement.

Pour ne pas te décourager, il faut que **tu trouves une réelle motivation** à mettre de l'argent de côté, comme un petit plaisir que tu pourras t'offrir plus tard par exemple (un jeu vidéo, un vélo, un vêtement etc...)

QUE FAIRE DE TON ÉPARGNE ?

Une méthode intéressante pour apprendre à épargner de manière ludique est de **placer ton argent dans des pots**. Sur chacun des pots, tu notes ce que tu souhaites acheter, puis tu ajoutes progressivement ton argent épargné.

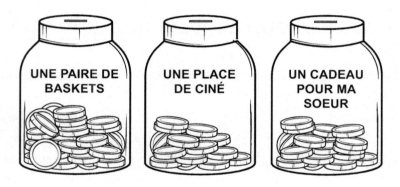

Sur le même principe que les pots, tu peux tout simplement **déposer toutes tes économies dans une tirelire**. S'il faut la casser pour récupérer l'argent, c'est encore mieux car tu seras moins tenté(e) de dépenser tes sous.

Autre possibilité : **placer ton argent sur un compte bancaire**. De manière générale, les banques proposent des comptes d'épargne qui s'appellent des « livrets jeunes » à partir de 12 ans. Il faut cependant que tes parents soient d'accord pour ouvrir ce compte. Les retraits d'argent seront également soumis à leur validation. À partir de 16 ans, tu pourras ouvrir un compte en banque, avec une carte bancaire et un chéquier (mais toujours avec l'autorisation de tes parents). Et cette fois-ci, tu n'auras pas besoin de la permission de tes parents pour retirer de l'argent, sauf s'ils s'y opposent.

Petite astuce : **C'est en voyant ton épargne augmenter que tu éprouveras de la satisfaction à mettre de l'argent de côté**. Si tu as créé un compte spécifique pour ton épargne, consulte-le régulièrement pour apprécier son augmentation. Sinon, crée-toi un petit tableau papier, ou un graphique Excel, pour constater ton enrichissement.

LA MAGIE DES INTÉRÊTS COMPOSÉS

Si tu as un compte d'épargne, sache qu'il peut te rapporter de l'argent... en tout cas plus que si tu le laisses dans un pot ou une tirelire !

En effet, chaque compte d'épargne génère des **intérêts**.

Un intérêt est **une rémunération** que tu **perçois pour avoir placé ton argent**. Cela signifie que chaque année, la banque va te donner de l'argent pour te « remercier » en quelque sorte d'avoir déposé une certaine somme sur ton compte.

Supposons que tu places 100€ sur ton compte d'épargne avec un taux d'intérêt de 10% (c'est beaucoup mais c'est pour simplifier).

À la fin de l'année, **la banque te donnera 10€** (car 10% de 100€ ça fait 10€). Au total, **tu auras donc 110€.**

Mais ce n'est pas fini !

Les intérêts vont se cumuler : ce sont des **intérêts composés**, qui vont te rapporter de plus en plus d'argent.

Reprenons notre exemple :

Au début tu as placé 100€ à 10%.

A la fin de la première année, comme nous l'avons vu, **tu as un nouveau capital de 110€.**

A la fin de la deuxième année, tes intérêts seront calculés par rapport à ton nouveau capital de 110€. Tu obtiendras une rémunération de 11€ (car 10% de 110€ ça fait 11€). **Ton nouveau capital sera de 121€.**

A la fin de la troisième année, tes intérêts seront calculés par rapport à ton nouveau capital de 121€. Tu obtiendras une rémunération de 12,10€ € (car 10% de 121€ ça fait 12,10€). **Ton nouveau capital sera de 133,10€.**

Et ainsi de suite ! Au bout d'un peu plus de 8 ans, la valeur totale de ton placement aura doublé et atteint plus de 200€. Au bout de 25 ans, la valeur de ton placement atteindra plus de 1000€.

Voici un tableau récapitulatif pour te montrer combien peut te rapporter un placement de 100€ au fil des ans, pour un taux d'intérêt à 2% et un taux d'intérêt à 10%.

Taux d'intérêt	Capital	1 an	2 ans	5 ans	8 ans	25 ans
2%	100€	102€	104€	110€	117€	164€
10%	100€	110€	121€	161€	214€	1083€

Plus tu laisses ton argent sur ton compte et plus il te rapporte de l'argent.

A TOI DE JOUER !

APPRENDS À ÉCONOMISER

Ce n'est pas facile d'économiser de l'argent. Mais si tu commences jeune, tu prendras de bonnes habitudes qui te serviront toute ta vie.

Pour apprendre à épargner, le mieux est d'avoir une réelle motivation à le faire. Pense à quelque chose que tu aimerais te payer plus tard : un jeu vidéo, un livre, un t-shirt, une paire de chaussures etc... Puis complète la fiche de la page suivante.

1. Écris ce que tu veux t'acheter, combien ça va te coûter et quand tu aimerais faire ton achat.
2. À chaque fois que tu mettras de l'argent de côté, tu écriras le montant économisé dans une bulle.
3. En économisant régulièrement, tu atteindras vite ton objectif !

Exemple :

TON PLAN D'ÉCONOMIES

CE QUE JE VEUX ACHETER :

COMBIEN ÇA COÛTE :

DATE D'ACHAT PRÉVUE :

LA CUISINE

Savoir cuisiner est une compétence précieuse dans la vie. Cela permet de se faire plaisir, d'économiser de l'argent, d'être en meilleure santé et d'impressionner ses copains et sa famille !

Avec un peu de pratique, tu sauras préparer de délicieux plats pour toi et pour tous ceux que tu aimes.

AVANT DE COMMENCER À CUISINER : LA SÉCURITÉ AVANT TOUT !

Cuisiner est une activité qui peut être très plaisante. Pour ne pas qu'elle vire au cauchemar, **lis et relis ces 6 précieux conseils** avant de te mettre aux fourneaux.

❶ **Demande au préalable à un adulte de t'expliquer le fonctionnement des appareils électroménagers ou des objets coupants** pour ne pas te mettre en danger.

❷ Si tu as un petit frère ou une petite sœur, veille à **ranger les objets dangereux** (couteaux et allumettes par exemple) dans des endroits **hors de leur portée**.

❸ **Tourne les poignées de ta casserole ou de ta poêle vers l'intérieur de ta cuisinière** pour qu'elles ne risquent pas d'être renversées.

❹ **Utilise des maniques** (des gants) pour placer ou sortir un plat d'un four chaud, sous peine de brûlures !

❺ **Ne mets surtout pas de contenants en métal ou aluminium dans le micro-ondes**, car ils peuvent causer des incendies.

❻ **Ne rajoute pas d'eau dans un récipient avec de l'huile chaude**, car les éclaboussures peuvent te causer de graves brûlures.

L'HYGIÈNE C'EST IMPORTANT AUSSI !

Ça peut te paraitre évident mais ce n'en est pas moins essentiel : **il faut te laver les mains avant de commencer à cuisiner** ! Tes mains sont en effet des nids à germes et à bactéries. Pour ne pas tomber malade ou pour ne pas contaminer tes convives, il n'y a qu'une seule solution : te laver les mains soigneusement à l'eau chaude et au savon. Grâce à ce réflexe, exit les intoxications alimentaires, diarrhées et vomis !

Tu dois être encore plus **vigilant(e) si tu manipules de la viande crue**. Elle peut en effet être contaminée par des bactéries ou parasites. Certains sont inoffensifs pour l'être humain. Mais d'autres sont responsables d'intoxications alimentaires sérieuses. Pour éviter cela : lave-toi soigneusement les mains avant et après manipulation de la viande et nettoie toujours soigneusement les couteaux et planches qui ont été en contact avec elle.

LIRE UNE RECETTE DE CUISINE

Une recette est une liste d'instructions te guidant dans la réalisation d'un plat.

Tu dois lire la recette en entier avant de commencer à cuisiner. Sinon, tu risques de t'apercevoir trop tard qu'il te manque un ingrédient, un ustensile ou du temps !

Sois particulièrement vigilant(e) à :

La liste d'ingrédients. Vérifie que tu as bien tout sous la main. Pour être plus efficace, sors tous les ingrédients dont tu as besoin, mesure-les et coupe-les. Tu iras ainsi beaucoup plus vite au moment de cuisiner.

Le nombre de personnes. Tu trouveras le nombre de portions le plus souvent en début de recette. Tu devras adapter toutes tes mesures en fonction du nombre de personnes qui mangeront ton plat.

Le temps. Combien de temps cela va-t-il te prendre pour préparer le plat et le réchauffer ? Vérifie ces informations avant de te mettre aux fourneaux, surtout si tu as prévu une activité après la cuisine.

La température. Si tu dois utiliser un four pour ta recette, vérifie à combien de degrés tu dois le préchauffer. Cette température est souvent indiquée à la fin des étapes de la recette.

CRÊPES

Pour 4 personnes.
Temps de préparation : 10mn.
Temps de repos : 1h.
Temps de cuisson : 2mn par crêpe. — **1**

INGRÉDIENTS

250g de farine   2 œufs — **2**
½ L de lait   1 pincée de sel

RECETTE

1. Mettre la farine dans un saladier, avec le sel.

2. Faire un puits dans la farine, verser les œufs et mélanger doucement. — **3**

3. Ajouter le lait petit à petit jusqu'à ce que la pâte soit fluide.

4. Laisser reposer la pâte pendant au moins 1 heure.

5. Faire chauffer la poêle. Beurrer. Faire cuire les crêpes, pendant 1 minute de chaque côté.

❶ Plusieurs indications sur le temps de préparation, de cuisson, la quantité de portions produites etc...

❷ Une liste d'ingrédients nécessaires à la réalisation de la recette ainsi que leur quantité

❸ Un texte de plusieurs paragraphes indiquant les étapes de réalisation de la recette.

MESURER LES INGRÉDIENTS

Les **liquides** se mesurent généralement en **litres** (mL, cL, dL, L).

Les **autres ingrédients** se mesurent en **grammes** (mg, cg, dg, g).

Pour être très précis dans les mesures des ingrédients, il vaut mieux utiliser une **balance**, mécanique ou électronique.

Dans les deux cas, pose ton récipient sur la balance et **procède à la tare**. C'est-à-dire que la balance va t'indiquer un poids de 0, même si le contenant est dessus. De cette façon, la balance ne pèsera que ce que tu mets dans ton contenant.

La tare se fait différemment en fonction des balances. Demande de l'aide à un adulte. Une fois la tare faite, sélectionne la mesure en litres si c'est un liquide ou en grammes si c'est un solide et lis le résultat indiqué par ta balance.

Si tu n'as pas de balance, tu peux utiliser un **verre doseur gradué**. Verse ton ingrédient dans le verre jusqu'à ce qu'il atteigne la marque de la quantité désirée. Tu as besoin de te positionner à la même hauteur que le verre pour avoir tes yeux juste en face de la graduation.

Si tu n'as pas de verre doseur non plus, tu peux utiliser les **ustensiles de cuisine**. Voici les mesures approximatives pour différents ingrédients :

	Cuillère à café	Cuillère à soupe	Mug	Bol
Liquide	5mL	15mL	10cL	35cL
Farine	3g	9g	115g	300g
Sucre en poudre	5g	15g	225g	500g

DIFFÉRENCIER LES COUPES D'ALIMENTS

Voici du vocabulaire que tu retrouveras dans certaines recettes de cuisine et qu'il te faut connaitre.

Émincer : couper en tranches ou en lamelles des légumes, des fruits ou de la viande.

Couper en dés : couper un aliment en petits cubes.

Ciseler : couper très finement. Terme très souvent utilisé pour les oignons ou les herbes aromatiques comme le persil ou la ciboulette.

Couper en julienne : couper en bâtonnets. Terme très souvent utilisé pour les carottes et autres légumes.

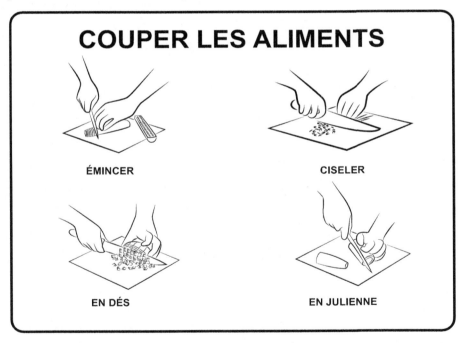

Astuce pour ne pas te couper : les doigts de ta main qui ne porte pas le couteau doivent être recroquevillés, légèrement recourbés vers l'arrière. Ainsi, le couteau se plaque sur tes phalanges et glisse dessus sans les couper.

DIFFÉRENCIER LES TECHNIQUES DE CUISSON

Faire bouillir : cuire un aliment dans une casserole ou marmite dans de l'eau bouillonnante.

Cuire à la vapeur : cuire un aliment grâce aux vapeurs d'eau. Comment faire ? C'est simple : il suffit de faire bouillir de l'eau dans une casserole et de mettre un chinois sur la casserole avec l'aliment à cuire. L'aliment ne doit pas être en contact avec l'eau.

Faire mijoter : cuire un aliment très doucement et très longtemps dans un peu de liquide.

Faire sauter : cuire un aliment dans une poêle avec un peu de liquide à feu moyen ou vif pendant une minute. On peut faire sauter les pommes de terre, par exemple.

Faire griller : cuire un aliment sur un gril ou sur de la braise (comme le barbecue).

Faire frire : cuire un aliment dans une poêle très chaude dans du beurre, de l'huile ou de la graisse.

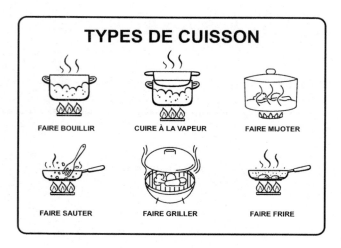

RECETTES DE DÉLICIEUX PETITS PLATS

Tu connais maintenant toutes les bases pour cuisiner de délicieux petits plats. Attention, ce n'est pas facile de débuter en cuisine. On est parfois déçus des premiers résultats, même si on suit la recette à la lettre !

Cuisiner demande de la patience. On a souvent besoin de tester plusieurs fois une même recette pour aboutir à quelque chose qui nous plait vraiment.

Le mieux est de s'entrainer petit à petit. Essaye d'abord des recettes toutes simples. Tu pourras les améliorer au fur et à mesure que tu gagnes en confiance.

Ne cède pas à l'impatience et la frustration, car on ne devient pas chef cuisinier du jour au lendemain. N'oublie pas que les nouvelles habitudes et les talents s'acquièrent petit à petit.

IDÉE SYMPA

Invite ta famille ou tes amis à un repas que tu confectionneras toi-même. Ça leur fera énormément plaisir d'être invités (qui n'aime pas manger ?). Et tu ressentiras une grande satisfaction d'avoir fait plaisir à ton entourage.

PÂTES AU THON

Tu peux commencer par cette recette, car elle ne comporte que 3 ingrédients et elle plait beaucoup !
Pour 4 personnes.
Temps de préparation : 10mn.
Temps de cuisson : 10mn.
Ingrédients :
- 400g de pâtes
- 1 boîte de thon à l'huile (environ 150g)
- 400mL de crème liquide

Recette :
1) Fais cuire les pâtes : fais bouillir de l'eau, rajoute les pâtes et compte environ 10mn de cuisson.
2) Égoutte le thon et émiette-le à l'aide d'une fourchette.
3) Mélange le thon avec la crème liquide.
4) Lorsque les pâtes sont prêtes, égoutte-les et mélange-les avec la crème et le thon.
5) Rajoute du sel et du poivre.

Quand tu seras un peu plus expérimenté(e), tu pourras rajouter des oignons, du persil, du basilic, du gruyère râpé et du concentré de tomates pour donner meilleur goût à ton plat. Mais rappelle-toi, ne va pas trop vite en besogne et améliore tes plats petit à petit.

CRÊPES

La préparation des crêpes est extrêmement facile à réaliser. Le moment le plus délicat est la cuisson. Il faut que ta poêle soit bien chaude pour que tes crêpes puissent se détacher facilement.

Pour 4 personnes.
<u>Temps de préparation</u> : 10mn.
<u>Temps de repos</u> : 1h.
<u>Temps de cuisson</u> : 2mn par crêpe.
<u>Ingrédients</u> :
- 250g de farine
- ½ L de lait
- 2 œufs
- 1 pincée de sel

<u>Recette</u> :
1. Mets la farine dans un saladier, avec le sel.
2. Fais un puits dans la farine, verse les œufs et mélange doucement.
3. Ajoute le lait petit à petit jusqu'à ce que la pâte soit fluide.
4. Laisse reposer la pâte pendant au moins 1 heure.
5. Fais chauffer la poêle. Beurre. Fais cuire les crêpes, pendant 1 minute de chaque côté.
6. Garnis de chocolat, miel, sucre etc…

CROQUE-MONSIEUR RAPIDE À LA POÊLE

Pour 1 personne.
Temps de préparation : 10mn.
Temps de cuisson : 10mn.
Ingrédients :
- 2 tranches de pain de mie.
- 5g de beurre fondu
- 15g de gruyère râpé ou tout autre fromage que tu aimes bien
- 1 tranche de jambon
- Sel et poivre

Recette :
1. Fais fondre le beurre dans la poêle.
2. Superpose une tranche de mie, une tranche de jambon pliée, du gruyère et la dernière tranche de mie.
3. Dépose le croque-monsieur sur la poêle à feu moyen-fort et fais-le dorer des deux côtés.

Je te propose d'accompagner ton croque-monsieur d'une petite salade. Rendez-vous page suivante pour préparer la vinaigrete.

VINAIGRETTE POUR FAIRE UNE SALADE

Que dirais-tu d'une petite salade pour accompagner ton croque-monsieur ? Il te suffit de quelques ingrédients et en 5 minutes, tu auras terminé de cuisiner ton accompagnement.

Temps de préparation : 5mn.
Ingrédients :
- 1 cuillère à soupe de vinaigre (au choix : vinaigre balsamique, de vin blanc, de cidre, de riz, de vin rouge etc...)
- 3 cuillères à soupe d'huile d'olive
- Sel et poivre

Recette :
1. Mets tous les ingrédients dans un bol et mélange bien le tout.
2. Verse la vinaigrette sur ta salade et remélange le tout.

Pour la salade : tu peux utiliser n'importe quelle plante comestible (laitue, pissenlit, cresson, mâche, endive etc...). Tu peux également rajouter des tomates, du concombre, du fromage, des croûtons etc...

Variantes : tu peux rajouter des aromates dans ta vinaigrette pour lui donner plus de goût (de la moutarde, une gousse d'ail écrasé, des fines herbes, de la ciboulette, persil etc...).

Si tu n'utilises pas toute la vinaigrette, conserve le reste au réfrigérateur.

ŒUFS MIMOSA

Voici une entrée toute simple à réaliser et qui plait toujours.
Pour 2 personnes.
Temps de préparation : 10mn.
Temps de cuisson : 10mn.
Ingrédients :
- 2 œufs
- 2,5 cuillères à café de mayonnaise
- Optionnel : des petits brins de ciboulette

Recette :
1) Fais bouillir l'eau dans une casserole.
2) Quand l'eau sera à ébullition, pose délicatement les œufs dans la casserole (à l'aide d'une cuillère à soupe par exemple).
3) Laisse cuire les œufs pendant 10 minutes à feu moyen/doux.
4) Une fois cuits, mets tes œufs dans de l'eau froide pour stopper la cuisson.
5) Écale-lez (enlève la coquille) et coupe-les en 2.
6) Avec une cuillère, récupère les jaunes d'œuf cuits et pose-les dans une assiette.
7) Prends une fourchette et émiette les jaunes.
8) Rajoute la mayonnaise et mélange. Tu peux rajouter ta ciboulette si tu en as.
9) Avec une cuillère à café, prends le mélange et remplis des demi-blancs d'œuf ! C'est tout !

FAJITAS AU POULET ET POIVRONS

Pour 4 personnes.
Temps de préparation : 15mn.
Temps de cuisson : 7mn.
Ingrédients :
- 1 poivron vert
- 1 poivron rouge
- 1 oignon
- Huile d'olive
- 4 blancs de poulet
- 8 tortillas
- Optionnel : salade, tomates, crème fraiche, guacamole.

Recette :
1. Chauffe de l'huile d'olive dans la poêle et cuis le poulet finement émincé 2 à 3 minutes de chaque côté. Retire le poulet de la poêle et réserve-le dans une assiette.
2. Dans la même poêle, cuis les poivrons coupés en lamelles et l'oignon.
3. Remets les blancs de poulet dans la poêle et cuis-les pendant une minute.
4. Fais chauffer les fajitas au micro-ondes pendant 30 secondes.
5. Pose la préparation poivrons et poulet au centre des fajitas. Rajoute du fromage râpé si tu en as envie.
6. Plie en deux les fajitas et déguste.

SOUPE DE LÉGUMES

Temps de préparation : 20mn.
Temps de cuisson : 30mn.
Ingrédients :
- N'importe quels légumes : carottes, poireaux, potirons, pommes de terre, navets...
- Optionnel : bouillon de légumes ou volaille.

Recette :
1) Épluche les légumes et coupe-les en morceaux.
2) Mets les légumes dans une casserole. Recouvre d'eau. Ajoute le cube de bouillon.
3) Fais cuire et mélange jusqu'à obtenir un velouté.
4) Ajoute sel et poivre.

TON CORPS

Prendre soin de son corps est essentiel. Ce n'est pas qu'une question d'image ou de beauté. Tu n'as pas besoin de passer toute ta journée en salle de musculation ou en institut de massage.

Non, prendre soin de son corps c'est tout simplement : **bouger**, **bien manger** et **dormir suffisamment**...

Si tu respectes ces 3 clés, tu vas rapidement te sentir bien physiquement et être plus énergique au quotidien. Mais ce n'est pas tout. Les risques que tu tombes malade vont diminuer et ton espérance de vie va augmenter.

Avoir une bonne hygiène de vie va également avoir des répercussions sur ton mental et ton moral. Tu seras plus disposé(e) à sourire à la vie et être heureux (ou heureuse).

· ·

BOUGER

Regarde tes amis sportifs : ils devraient être fatigués de faire autant d'exercices. Pourtant, ce sont eux qui sont le plus en forme. Pourquoi ? Car c'est en bougeant que notre énergie s'active.

L'activité physique te permet d'affermir tes muscles, d'améliorer ta force et ton endurance et de brûler des calories. Elle permet la libération d'endorphines. Ce sont des hormones qui procurent une sensation de bien-être. Grâce à elles, tu te sens moins stressé(e) et de meilleure humeur. Bref, bouger de manière régulière, c'est tout bénéf' !

Chaque jour, bouge au moins une heure. Tu peux le faire en plusieurs fois. Et tu peux faire un peu plus, c'est encore mieux !

Le mieux est de **pratiquer un sport régulièrement** : football, basketball, escrime, volleyball, surf, danse, gymnastique, escalade, ping-pong etc... Il y en a pour tous les goûts ! Faire partie d'un club est une très bonne option car cela te permet de te challenger, de rencontrer des copains et de développer ta confiance en toi.

Mais si aucun sport ne te plait, tu n'as pas à te forcer. **Le plus important est de bouger**. Rappelle-toi : **bouge au moins une heure par jour**.

Tu peux :

- Jouer : faire de la corde à sauter, du trampoline, monter aux arbres, faire de la trottinette…
- Faire du jardinage
- Danser et faire des chorégraphies
- Faire des pompes
- Te balader à pied ou à vélo
- Nager à la piscine ou à la mer
- Skier ou faire des randonnées en raquette à la montagne

Le plus simple pour bouger régulièrement est de **marcher**. Dès que tu le peux, troque le bus ou la voiture par la marche. Prends l'habitude de faire tous tes déplacements à pied : pour aller à l'école, à la boulangerie, à la bibliothèque, chez un ami etc…

BIEN MANGER

Pour aider ton corps à bien fonctionner et être en pleine forme, il faut aussi que tu manges bien, c'est-à-dire que tu aies une **alimentation saine et équilibrée**.

Pour cela, tu dois manger un peu de tout : fruits, légumes, féculents et protéines. Voici plus précisément quelques conseils pour faire les meilleurs choix pour ta santé :

Prends **un bon petit déjeuner** le matin : cela va booster ton métabolisme et te donner de l'énergie pour toute la journée. Cela t'évitera également d'avoir faim en milieu de matinée et de te jeter sur des gâteaux ou des barres chocolatées. Voici une idée de petit déjeuner équilibré : des céréales complètes style flocons d'avoine avec un peu de miel et un fruit ou un jus de fruits sans sucre ajouté. Miam !

N'hésite pas à manger BEAUCOUP de fruits et légumes. Ils sont une excellente source de vitamines et minéraux. Ils t'assurent également un bon apport en fibres (et ça c'est super pour la digestion !) et sont peu caloriques. Tu peux donc en manger sans modération !

> ## ASTUCE SI TU N'AIMES PAS TROP LES LÉGUMES
>
> Mélange les légumes dans une quiche, un feuilleté, une pizza ou des crêpes. Ça te paraitra plus appétissant.
>
> ## OU
>
> Ou assaisonne tes légumes pour leur donner meilleur goût, avec de la sauce soja ou des herbes aromatiques par exemple.

Limite les aliments et les boissons sucrés. Le sucre favorise l'obésité et peut même provoquer à terme certaines maladies. Tu peux donc te faire plaisir avec un petit gâteau ou une petite pâtisserie, mais ces plaisirs doivent rester exceptionnels.

Objectif : zéro produit ultra-transformé. Les produits ultra-transformés sont des produits fortement modifiés industriellement, comme les plats préparés, les bonbons, les chips, les sodas ou les gâteaux pré-emballés. Ils contiennent généralement très peu de nutriments, donc rien de bon pour ton corps. Ils contiennent également beaucoup de sucre qui favorise le surpoids et l'obésité et souvent des additifs (colorants, conservateurs, émulsifiants) qui seraient cancérigènes. Tourne-toi plutôt vers les fruits, les légumes, les céréales complètes, les pommes de terre, les féculents etc.. pour faire de bons petits plats !

Bois beaucoup d'eau. Le corps humain libère plusieurs litres d'eau par jour. Il est donc vital de se réhydrater ! La quantité d'eau à boire chaque jour dépend des individus, de leur activité physique, de la température extérieure etc... Mais pour te donner un ordre d'idées, tu devrais boire environ 8 verres d'eau par jour.

APPRENDRE À LIRE UNE ÉTIQUETTE ALIMENTAIRE

Exemple: pâte à tartiner au chocolat

INGRÉDIENTS: sucre, huile de palme, noisettes 13%, lait écrémé en poudre 8,7%, cacao maigre 7,8%, émulsifiants : lécithines (soja), vanilline.

1 Regarde le nombre d'ingrédients listés. Une longue liste est synonyme de beaucoup d'additifs rajoutés dans le produit.

2 Regarde l'ordre des produits dans la liste. Elle est présentée par ordre d'importance décroissante en %. Dans l'exemple ci-dessus, l'ingrédient le plus important dans la pâte à tartiner est le sucre, le second est l'huile de palme, le troisième est la noisette etc... Ce qui signifie que ce produit contient énormément de sucre.

BIEN DORMIR

Ton corps a besoin d'exercices et d'une alimentation saine. Mais ce n'est pas tout ! Ton corps a aussi besoin d'une **bonne dose de sommeil** pour **récupérer et se régénérer**. Pendant que tu dors, ton corps ne chôme pas : **il récupère** de sa journée, **se recharge** et en profite pour **renouveler ses cellules** et **refaire le plein d'énergie** pour le lendemain.

En moyenne, tu as besoin de dormir entre **7 et 10 h par nuit**.

Si tu ne dors pas assez, tu risques de te sentir plus fatigué(e). Tu auras **plus de mal à te concentrer et à mémoriser**. Ton système immunitaire aura tendance à s'affaiblir et tu seras donc plus vulnérable aux **maladies**. Enfin, tu seras plus nerveux (nerveuse) et sujet au **stress** et aux **crispations**.

Alors, si tu veux passer une bonne journée et être de bonne humeur, mieux vaut au préalable passer une bonne nuit. Comment faire ?

Couche-toi et lève-toi à des heures régulières tous les jours pour que ton cerveau comprenne quand il faut dormir et quand il faut se lever.

Trouve-toi **une petite routine avant de te coucher**, pour aider ton cerveau à comprendre qu'il est bientôt l'heure de dormir. Tu peux aller te laver les dents, prendre une douche et lire par exemple.

Évite les écrans (d'ordinateur, de télévision, de téléphone...) avant de te coucher. Ils émettent une lumière bleue qui retarde l'endormissement.

Fais en sorte que **ta chambre soit calme, sombre et fraiche**. La température idéale pour dormir est comprise entre 17 et 20°C. Jamais plus !

Et si tu n'arrives vraiment pas à dormir, **sors de ton lit, fais autre chose** et n'y reviens que si tu sens que le sommeil est de retour.

POUR BIEN DORMIR ET RECHARGER LES BATTERIES

Couche-toi et lève-toi à des heures régulières

Crée-toi une routine du coucher

Dors dans une chambre calme, sombre et fraiche

Évite les écrans

A TOI DE JOUER !

FAIS-TU ASSEZ D'EXERCICES ?

Pour le vérifier, complète cette fiche chaque jour de la semaine.

LUNDI
Activités physiques : ☐

Total : .... minutes

MARDI
Activités physiques : ☐

Total : .... minutes

MERCREDI
Activités physiques : ☐

Total : .... minutes

JEUDI
Activités physiques : ☐

Total : .... minutes

VENDREDI
Activités physiques : ☐

Total : .... minutes

SAMEDI
Activités physiques : ☐

Total : .... minutes

DIMANCHE
Activités physiques : ☐

Total : .... minutes

LE MÉNAGE ET LE RANGEMENT

« Je déteste faire le ménage ». Avouons-le, ce n'est pas un passe-temps très passionnant. Pourtant, quand on finit une séance de ménage et que notre chambre est toute propre, on ressent un énorme sentiment de bien-être. Paradoxal, non ? Voici quelques conseils et méthodes pour ranger et nettoyer le plus rapidement possible ta chambre et te sentir bien. Pour aujourd'hui, ça ne te prendra pas plus de 3 minutes.

S'ORGANISER POUR FAIRE LE MOINS DE RANGEMENT ET DE MÉNAGE POSSIBLE

Pour éviter de passer trop de temps à ranger et nettoyer, mets en place quelques routines.

❶ **Range malin**

Procure-toi 2 paniers (ou 2 sacs) :

Un **panier fourre-tout,** qui te servira à ranger tout ce qui traine et dont tu n'as pas besoin, en un instant. Les stylos, les livres etc... Tout ce dont tu ne te sers pas pour le moment et que tu as la flemme de ranger. Tu les rangeras plus tard.

Et un **panier à linge** pour mettre les affaires sales, ça évitera qu'elles trainent partout.
Et voilà, ta chambre parait plus aérée d'un coup d'un seul !

ASTUCE !

Règle ton réveil ou alarme sur 3 minutes pour ranger ta chambre chaque jour. 3 minutes, c'est très rapide, donc ça motive à ranger. En plus, ça met une petite pression positive pour ranger efficacement. Et en rangeant un peu chaque jour, plus besoin de grand rangement frénétique !

Le petit plus : tu auras des parents **HEUREUX** et **DÉTENDUS** !

❷ Enlève tes chaussures
La poussière, la boue et toutes les bactéries venant de la rue s'accrochent à tes chaussures. En les laissant à la porte d'entrée, tu garderas ta chambre plus propre plus longtemps. C'est plus facile d'éviter de mettre de la saleté dans une chambre que de devoir la nettoyer !

❸ Ouvre tes fenêtres
Ouvre les fenêtres au moins dix minutes par jour, après le réveil ou le soir, même en hiver.
Pourquoi ? Pour renouveler l'air de ta chambre et donc avoir un air plus sain. Ta respiration, ta transpiration la nuit etc… vont créer de l'humidité, qui va s'amplifier si tu laisses les fenêtres fermées.

❹ Nettoie tout de suite les taches et les bêtises
Tu as fait tomber un peu de jus de fruits par terre ? Des miettes de pain ? Nettoie tout de suite, cela empêchera le liquide de s'incruster et ce sera toujours ça de moins à faire pour le ménage.

LE JOUR DU MÉNAGE

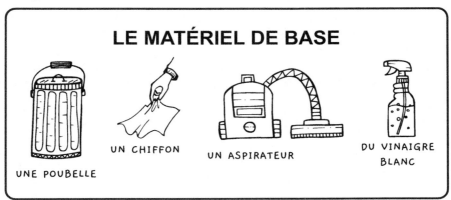

LE MATÉRIEL DE BASE

UNE POUBELLE — UN CHIFFON — UN ASPIRATEUR — DU VINAIGRE BLANC

Le vinaigre blanc est un produit magique et écolo qui te servira pour plein de choses : nettoyer ton sol, faire la vaisselle, enlever des taches, détartrer tes toilettes etc...

❶ **Planifie.** Choisis un jour dans la semaine où tu rangeras et feras le ménage dans ta chambre, pour que ce soit tout propre et agréable à vivre. Plus tu seras discipliné(e) et plus tu t'y tiendras longtemps, plus tu t'y habitueras et plus cela te sera facile à l'avenir.

❷ **30 minutes, pas plus** ! Pour te motiver, mais ton réveil sur 30 minutes. Tu n'as pas besoin de plus de temps si tu as suivi les conseils précédents.

❸ **Ouvre les fenêtres.** Commence par ouvrir les fenêtres, car en faisant le ménage, il va y avoir beaucoup de poussière dans ta chambre qui va rester en suspension dans l'air.

❹ **Range toutes les affaires de ton panier fourre-tout** dans leurs endroits respectifs : dans les tiroirs, le placard etc... S'il y a des affaires dont tu ne te sers plus du tout, alors jette-les à la poubelle ou mets-les de côté pour les donner ou les vendre.

❺ Mets tous les papiers et déchets dans les poubelles.

❻ **Enlève la poussière sur les meubles** Une fois que toutes tes affaires sont rangées, prends un chiffon en micro fibre imbibé d'eau et passe-le sur toutes les surfaces : meubles, objets etc…

❼ **Passe l'aspirateur**. N'oublie pas de passer sous les chaises. Décale de temps en temps ton lit ou ton bureau pour pouvoir passer un petit coup en dessous. N'oublie pas de passer régulièrement sur les plinthes pour enlever la poussière. Lève les yeux et aspire les toiles d'araignée au plafond.

Et voilà ! C'était rapide, n'est-ce pas ?

LE RESTE DE LA MAISON

Voici quelques conseils si tu dois faire le ménage dans le reste de ton logement :

Pour le **salon**, suis exactement les mêmes étapes que pour ta chambre : ouvre les fenêtres, range, enlève la poussière et passe l'aspirateur.

Pour la **cuisine** :
1) Imbibe une éponge de vinaigre blanc.
2) Frotte d'abord **l'évier**, car le tartre s'accumule. Passe bien l'éponge sur la robinetterie. Rince à l'eau clair.
3) Ensuite, passe un coup sur les **plaques de cuisson**. Si c'est très sale, très gras, mets un peu de bicarbonate, attends et frotte avec le côté qui n'est pas vert. Rince à l'eau clair.
4) Si tu as un **petit meuble ou une petite table**, garde ta petite éponge vinaigrée pour les nettoyer.

Dans la **salle d'eau ou salle de bain :**

La douche ou la baignoire
1) Enlève les **cheveux dans la douche**. Enlève le couvercle du syphon qui se trouve dans la douche, enlève les cheveux, passe un coup de vinaigre blanc avec une éponge ou une vieille brosse à dents. Replace le couvercle.

2) **Vaporise toutes les surfaces de la douche ou de la baignoire** avec du nettoyant ou du vinaigre blanc : l'intérieur de la douche ou de la baignoire, les rebords, les parois et le robinet. Utilise une éponge pour essuyer.
3) **Rince** l'éponge puis rince le tout à l'eau clair.

L'évier
1) Place tous **les savons et accessoires dans des paniers** pendant que tu nettoies.
2) **Vaporise l'évier et le robinet** avec du vinaigre blanc ou du spray nettoyant et essuie avec une éponge humide.
3) **Rince** l'éponge puis rince l'évier et le robinet à l'eau clair.
4) Si l'évier est toujours sale, tu peux le soupoudrer de bicarbonate de soude et frotter fort avec l'éponge.

Le miroir
1) **Vaporise le miroir** avec du nettoyant pour vitres ou passe un coup de chiffon de coton imbibé de vinaigre blanc.
2) **Essuie** avec un chiffon en microfibre.

Dans **les toilettes :**
1) Mets du vinaigre blanc ou du nettoyant WC dans **la cuvette** et **laisse agir** pendant que tu t'occupes du reste.
2) Passe un coup de vinaigre blanc ou de nettoyant sur **le réservoir des toilettes, l'abattant (au-dessus et en-dessous) et le rebord des toilettes**. Essuie le tout avec une éponge ou un chiffon.
3) Enfin, **frotte l'intérieur de la cuvette** avec une brosse WC, puis tire la chasse d'eau.

FAIRE LA VAISSELLE

Si tes parents n'ont pas de lave-vaisselle ou que tu n'as que quelques couverts et ustensiles à nettoyer, voici quelques conseils pour les laver à la main.

Étape 1 : utilise des bassines

Mets ta vaisselle sale dans une bassine à côté de l'évier. Ça te donnera encore plus envie de la vider que si elle s'accumule dans ton évier.

Étape 2 : remplis l'évier d'eau

Mets un bouchon dans l'évier pour que l'eau ne s'évacue pas et remplis l'évier d'eau chaude avec une goutte de liquide vaisselle. Ça permet de gagner du temps et d'économiser de l'eau. Tu peux aussi utiliser une deuxième bassine.

Si tu as une casserole pleine de crasse ou difficile à nettoyer, mets de l'eau et du liquide vaisselle dedans et laisse-la de côté pendant que tu fais le reste de la vaisselle.

Étape 3 : nettoie ta vaisselle

Commence par le plus propre pour finir par le plus sale : verres d'abord, puis couverts, puis assiettes, puis casseroles, puis poêles parce que c'est ce qui est le plus gras. Frotte tout avec l'éponge puis rince tout rapidement à l'eau.

Étape 4 : fais sécher ta vaisselle

Utilise une grille ou un égouttoir pour faire sécher la vaisselle. Tu peux aussi mettre un égouttoir dans un de tes placards, avec un torchon en dessous que tu changeras régulièrement. Essore bien l'éponge après la vaisselle !

MÉNAGE DANS LA CHAMBRE
Checklist

Chaque jour

- [ ] **RANGE TES VÊTEMENTS**
  Les affaires propres sont rangées. Les affaires sales sont mises dans le panier.
- [ ] **RANGE LES AFFAIRES QUI TRAINENT**
  Dans le panier fourre-tout.
- [ ] **METS LES DÉCHETS À LA POUBELLE**
- [ ] **FAIS TON LIT**
- [ ] **OUVRE LES FENÊTRES**

Chaque semaine

- [ ] **RANGE TOUTES TES AFFAIRES**
  Tes paniers fourre-tout doivent être vidés.
- [ ] **VIDE LES POUBELLES**
- [ ] **NETTOIE TES MEUBLES**
- [ ] **PASSE L'ASPIRATEUR**

LES VÊTEMENTS

Voici quelques conseils pour prendre soin de ses vêtements, les laver et les plier.

LAVER LE LINGE

Laver le linge à la machine à laver est assez facile : tu mets tes vêtements dans le tambour, tu rajoutes la lessive et tu mets en route la machine, selon le bon cycle. Mais il y a tout de même quelques règles à respecter pour laver tes vêtements dans de bonnes conditions.

A faire avant de laver ton linge :

❶ **Vide tes poches** pour ne pas que tes affaires (pièces de monnaie, billet, papier...) tombent dans la machine à laver ou dans la bassine.

❷ Si tu es une fille, **ferme les agrafes de tes soutiens-gorges** pour ne pas abîmer les autres vêtements. Et glisse les collants dans un filet de lavage.

❸ **Déplie chaussettes, bas de pantalons, manches** pour que toutes les parties de chaque vêtement soit correctement lavées.

❹ **Retourne les t-shirts et les hauts** qui comportent des inscriptions car le tournage de la machine risque de les abîmer.

Le lavage à la machine

Toutes les machines à laver sont différentes. Il faut donc que tu regardes attentivement comment fonctionne la tienne. Les options de lavage concernent généralement : **la température**, **le temps** et **la vitesse d'essorage**.

Tu peux commencer par un lavage, **à 30 degrés**, ça suffit pour quasiment tous les types de vêtements. A cette température, ça n'abîmera ton linge. Les vêtements foncés ou très colorés doivent uniquement être lavés à température basse, pour ne pas les décolorer. Il est également recommandé de séparer le linge blanc du linge de couleur pour éviter que les vêtements colorés ne déteignent sur les blancs.

En cas de doute, **jette un œil aux pictogrammes de lavage de ton vêtement** (sur l'étiquette, à l'intérieur). Ils t'indiquent si tu peux laver ton vêtement à la machine, à la main, à quelle température etc… Certains matériaux ne peuvent se laver qu'à la main.

Ne surcharge pas la machine. Le tambour doit être rempli aux trois quarts de vêtements au maximum. Au-delà de cette limite, tu risques d'abîmer ton linge et la machine.

Retire rapidement les vêtements après lavage. Si tu les laisses trop longtemps dans la machine, l'humidité va engendrer de mauvaises odeurs, ton linge finira par ne plus sentir bon du tout et tu devras refaire une machine !

Le lavage à la main

Si tu dois laver ton linge à la main, utilise du savon de Marseille.

❶ Dans une bassine, verse de l'eau tiède puis un peu de savon.

❷ Plonge tes vêtements dans la bassine et laisse reposer 10 minutes.

❸ Rince dans la baignoire en gorgeant bien d'eau le vêtement pour ne laisser aucune trace de savon (ton vêtement pourrait avoir des traces blanches).

❹ Vient l'essorage : enroule tes vêtements et presse-les.

Étendre ton linge

Le mieux est d'avoir un **étendoir** pour mettre chaque vêtement sur un fil. Si tu n'étends pas ton linge, il risque de sentir mauvais. **Espace le bien**. Et ne place jamais ton habit sur un radiateur électrique car il risquerait de prendre feu. **Ouvre les fenêtres**, car l'humidité de ton linge va imprégner ton logement.

Conseils malins pour ne pas avoir à repasser ton linge

Tu peux repasser ton linge avec **un fer à repasser**, surtout les vêtements qui nécessitent d'être lisses comme les chemises, mais il existe aussi d'autres techniques pour aller plus vite.

La première, c'est **de bien étendre ton linge**, de façon à limiter au maximum les plis.

La deuxième option est de mettre ton vêtement sur un cintre et le placer au-dessus de la douche ou de la baignoire (sur la tringle). Les vapeurs d'eau chaude vont **détendre le tissu froissé**.

Enfin, dernière possibilité : **si tu as un sèche-linge, ajoute un gant de toilette ou une petite serviette mouillée dans le tambour**, ou **quelques glaçons**. Cela va produire de la vapeur d'eau qui défroissera tes vêtements.

PLIER SON LINGE AVEC CLASSE

Pour les chaussettes : la manière la plus simple est de mettre une chaussette par-dessus l'autre, de prendre le haut d'une chaussette et de le mettre par-dessus l'autre.

Pour les T-shirts, plie d'abord les bras, puis referme le T-shirt de bas en haut. Fais de même pour les pulls.

Pour les pantalons, c'est assez similaire : plie-les en deux puis referme-les de bas en haut.

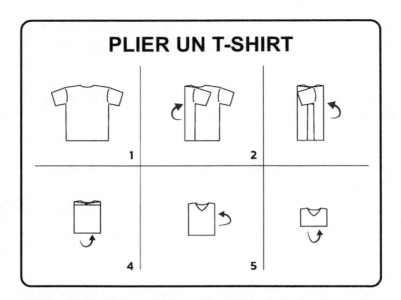

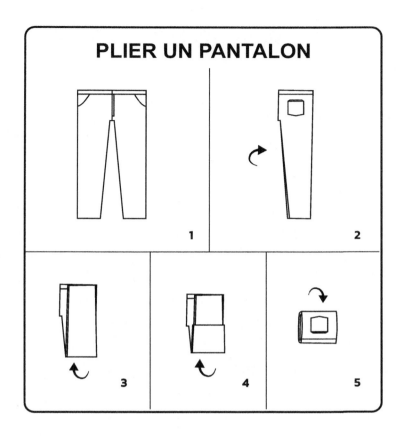

FAIRE UN NŒUD DE CRAVATE SIMPLE

Le nœud « four in hand » est sans doute la méthode la plus simple et qui convient à tous les types de cravates et de chemises. Il faut un peu de temps et de persévérance pour réussir à le faire. Ne te décourage pas, et entraine-toi devant un miroir.

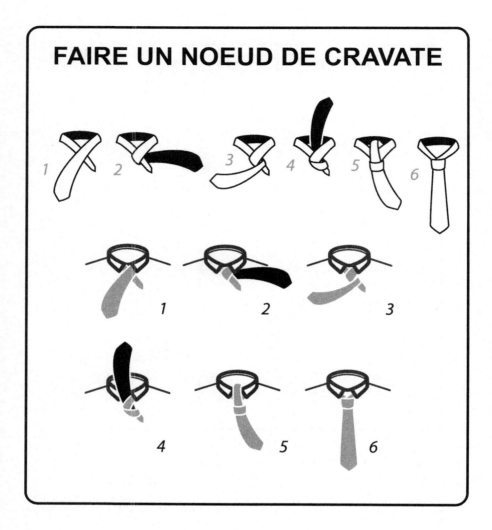

Passe la cravate autour de ton cou.
1) Croise les deux extrémités sous le col de ta chemise, le plus grand pan par-dessus.
2) Fais passer le grand pan sous le petit pan vers ta gauche.
3) Repasse le grand pan sur le nœud vers ta droite.
4) Fais passer le grand pan entre ton col et le croisement des deux pans de la cravate. Garde ton index sur le nœud pour le maintenir en place.
5) Descends le grand pan à l'intérieur du nœud le long de ton doigt.
6) Tout en maintenant le petit pan, tirez le grand pan afin de serrer le nœud. Remonte-le jusqu'à ton col de chemise.

LAVER SES CHAUSSURES

Finies les baskets qui puent !

Une petite recette très simple pour mettre fin aux mauvaises odeurs :

❶ Imbibe un chiffon d'un mélange de vinaigre blanc et d'eau.

❷ Tamponne l'intérieur de ta chaussure.

❸ Laisse sécher tes chaussures quelques heures.

Pour laver tes chaussures

❶ Enlève les lacets et frotte-les avec un chiffon imprégné de lessive ou de savon de Marseille.

❷ Sépare les chaussures et les semelles. Tu peux mettre tes chaussures dans un filet à linge pour éviter qu'elles ne frappent les parois de la machine et ne l'endommagent.

❸ Si tes chaussures sont en tissu (comme les tennis), tu peux les mettre dans la machine à laver, à 30°C et avec un essorage doux. Pour les autres chaussures en cuir, en nubuck ou en daim, lave-les à la main avec de l'eau chaude, une brosse et du savon de Marseille.

❹ Rince tes chaussures à l'eau chaude mais sans les faire baigner, elles ne doivent jamais être trempées.

❺ Laisse-les sécher à l'extérieur.

TES PARENTS

En grandissant, les relations avec ta famille vont changer.

L'adolescence est une période pendant laquelle on cherche **sa propre identité** et on tente de **devenir autonome**.

C'est un moment plus ou moins difficile à gérer. Il se peut que tu ressentes des **émotions contradictoires** vis-à-vis de tes parents.

Par moments, tu ressens peut-être **l'envie de ne plus les avoir sur le dos et tu rejettes toutes leurs remarques et leurs recommandations**. Et à d'autres moments, tu as **besoin qu'ils soient à tes côtés**.

Donc, parfois, tes parents vont t'énerver au plus haut point. Et d'autres fois, tu auras envie de passer du temps avec eux ou de leur faire un câlin, comme quand tu étais petit.

Cette ambivalence peut engendrer **l'incompréhension de tes parents**. Ils ne se souviennent pas forcément de ce qu'ils ont vécu quand ils étaient adolescents ou ils n'ont jamais mis les mots dessus. Ils peuvent également avoir peur que les évènements leur échappent, que tu te mettes en danger alors qu'ils se sentent le devoir de te protéger.

Ils peuvent donc assez mal vivre ton besoin d'autonomie. Les relations peuvent devenir distantes voire conflictuelles.

En réalité, tes parents ont besoin d'être **rassurés**. C'est plus facile à dire qu'à faire, mais si tu réussis à **exprimer ton besoin d'autonomie** tout en les **tranquillisant**, alors tes parents te comprendront et accèderont plus facilement à tes demandes.

Comment faire pour les rassurer ?

❶ **Accepte leurs conditions et respecte tes engagements**. Tu peux par exemple leur exprimer ton envie de sortir en ville avec des copains l'après-midi. S'ils sont d'accord, mais sous certaines conditions, accepte-les et respecte-les. **Plus tu respecteras tes engagements vis-à-vis de tes parents, plus ils considéreront que tu es digne de confiance** et plus ils t'accorderont des libertés.

❷ **Exprime-toi respectueusement et écoute-les.** Tu dois également être à leur écoute comme tu aimerais qu'ils le soient pour toi. Prends le temps **d'expliquer ce que tu ressens sans claquer les portes ni crier.**

S'ils refusent ce que tu leur demandes, il y a de grandes chances que ce soit parce qu'ils ont peur pour toi, que ce soit justifié ou non. C'est une preuve d'amour. S'ils ne t'aimaient pas, peu leur importerait. Prends ton mal en patience et gagne leur confiance petit à petit avant de reformuler ta demande.

❸ **Passe du temps avec eux**. Entre tes études et les sorties avec les copains, tu seras très occupé. Et c'est tout à faire normal ! Mais essaie de participer un tout petit peu à la vie de famille, juste le temps d'une balade, d'une discussion ou autour d'un film par exemple. Si tu as de jeunes frères et sœurs, essaie de faire la même chose avec eux. Tu leur prouveras ainsi que tu ne les délaisses pas totalement, qu'ils sont importants à tes yeux.

❹ **Aide-les.** Tu peux par exemple aider tes parents pour certaines tâches ménagères ou aider tes frères et sœurs pour leurs devoirs. Tu leur prouveras ainsi que tu fais encore partie intégrante de la famille. Ils t'en seront reconnaissants.

❺ **Dis-leur « je t'aime ».** Avoir de bonnes relations avec ta famille pendant l'adolescence sera déterminant pour ta vie d'adulte. Notre famille n'est pas toujours parfaite. Mais quand on est adolescents, on ne se rend pas forcément compte de ce qu'ils font pour nous. Si tu t'entends bien avec les membres de ta famille, ils resteront présents à tes côtés pour te soutenir. Si tu peux, **dis-leur que tu les aimes**. Ça fait du bien de l'entendre de temps en temps ! Surtout si c'est dit sincèrement du fond du cœur.

BONS CADEAUX À DÉCOUPER ET À OFFRIR À TA FAMILLE

BON POUR :

Une soirée jeux ensemble

(c'est toi qui choisis le jeu)

BON POUR :

Une soirée film ensemble

(c'est toi qui choisis le film)

BON POUR :

Une promenade ensemble

(c'est toi qui choisis le lieu)

BON POUR :

Un pique-nique ensemble

(je prépare les sandwichs)

BON POUR :

UN CÂLIN

BON POUR :

Une tâche ménagère

(je m'occupe de tout)

BON POUR :

....

....

BON POUR :

....

....

LA COMMUNICATION

Que ce soit pour ta vie personnelle ou ta future vie professionnelle, il est important de savoir bien communiquer. C'est sans doute la compétence n°1 à acquérir.

La communication est la façon dont tu vas utiliser les mots ou des lestes pour exprimer quelque chose à quelqu'un.

Bien communiquer permet de bien expliquer ce qu'on ressent, d'inspirer confiance, d'éviter les doutes ou les quiproquos.

La plupart des problèmes de communication peuvent être évités grâce à quelques règles élémentaires.

QUELQUES RÈGLES POUR COMMUNIQUER

❶ Pour bien communiquer, **commence par ranger ton téléphone.** En effet, si tu le regardes sans arrêt, ton interlocuteur va penser que tu n'es pas disponible pour lui/elle.

❷ **Apprends à écouter ce que ton interlocuteur (ou interlocutrice) te dit.** Ce n'est pas seulement l'entendre mais aussi se concentrer sur ce qu'il (elle) dit et comprendre son point de vue. Cela s'appelle de l'**écoute active**.

❸ **Soigne ta posture.** 80% de la communication est non verbale, ce qui signifie que l'on communique beaucoup par notre posture. Pour bien communiquer, il faut savoir utiliser les silences et ses gestes. **Sourire** est un signe d'assurance et confiance en soi. Ton **débit de parole** ne doit être ni trop lent (de peur de ne pas paraitre dynamique) ni trop rapide (qui est un signe de manque de confiance en soi). **Parle suffisamment fort** pour qu'on t'entende bien. Et **regarde ton interlocuteur (interlocutrice) dans les yeux.**

❹ **Exprime clairement tes besoins ou tes ressentis,** sans être agressif (agressive). N'aie pas peur de dire « non ». Pour ne pas froisser la personne en face de toi, tu peux dire : « Je suis désolé(e), mais je ne me sens pas de… ». Si ça te parait plus facile, tu peux aussi réclamer du temps avant de répondre « j'y réfléchis et je te donne ma réponse plus tard » puis envoyer un message écrit pour dire que finalement « je suis désolé(e), je ne pourrai pas venir... ».

AVOIR UNE CONVERSATION

Tu n'as pas besoin d'être extraverti(e) ou charismatique pour que les gens apprécient de converser avec toi. Le plus important est de savoir écouter attentivement son interlocuteur et de lui poser quelques questions. Les gens adorent parler d'eux ! Alors, même si tu es timide ou réservé(e), suis les étapes suivantes et les gens prendront plaisir à venir te parler :

❶ **Souris** et **regarde ton interlocuteur** dans les yeux le plus souvent possible.

❷ **Écoute** sincèrement ce qu'il te dit : fais le vide dans ta tête et ne prépare surtout pas ce que tu vas dire après. Accueille simplement les paroles de ton interlocuteur.

❸ **Montre que tu l'écoutes** : hoche la tête, exclame-toi « ah ouais, super », « oh c'est triste », ou reformule sa dernière phrase « ah donc tu es revenu la semaine dernière... ».

❹ **Pose des questions** pour relancer la conversation : « pourquoi tu as décidé de faire ça ? », « qu'est-ce que tu penses faire maintenant ? »...

❺ Si possible, rajoute des petites anecdotes personnelles pour **parler un peu de toi**, mais toujours en rapport avec ce qui a été dit : « moi aussi j'ai... », « ça me rappelle... »

PARLER AU TÉLÉPHONE

Beaucoup de gens n'aiment pas parler au téléphone. Mais c'est une compétence importante à acquérir, car on se sert beaucoup du téléphone pour prendre des rendez-vous, demander des informations etc... Chaque coup de fil est différent, mais voici quelques astuces pour mener une conversation téléphonique en général :

❶ **Salue la personne au bout du fil et présente-toi.** « Bonjour, je suis *(ton prénom et ton nom)* » ou « Bonjour Monsieur (Madame), c'est *(ton prénom)* à l'appareil ».

❷ Si tu appelles pour prendre un rendez-vous ou pour un renseignement, **exprime clairement ta demande.** « Je souhaiterais avoir un rendez-vous pour... », « j'ai besoin d'un renseignement pour... », « est-il possible d'obtenir un rendez-vous ? »

❸ Même si la personne ne te voit pas, le son de ta voix trahit tes émotions. **Souris**, pour que ton interlocuteur ressente un ton agréable.

❹ **N'interromps pas ton interlocuteur** pendant qu'il parle. Laisse-le finir ses phrases.

❺ **Écoute activement ton interlocuteur.** Cela signifie que tu dois faire le vide dans tête et te concentrer uniquement sur ce qu'il dit.

❻ **Élimine toute distraction.** Ne fais pas autre chose pendant que tu es au téléphone. Ton interlocuteur risque de le ressentir, et ça n'est pas très agréable.

❼ **Salue poliment ton interlocuteur avant de raccrocher.** « Je vous remercie pour... » « je vous souhaite une bonne journée », « au-revoir »...

RÉDIGER UN MAIL

On utilise de plus en plus les mails pour communiquer avec les autres. Tu auras sans doute besoin d'écrire à un professeur ou de demander des renseignements à un organisme. Quel que soit l'objet du mail, le plus important est qu'il soit clair, concis et courtois.

❶ **Écris un objet (un titre) de 5 à 7 mots**, pour que ton destinataire comprenne tout de suite de quoi il s'agit.

Exemples :
Demande d'informations pour...
Inscription pour...
Demande de rendez-vous pour...

❷ Salue poliment le destinataire :
Bonjour + prénom, (lorsque tu connais bien la personne)
Bonjour Madame + nom, (lorsque tu connais le nom de la personne)
Bonjour Monsieur + nom, (lorsque tu connais le nom de la personne)
Monsieur le Maire ou Madame la Direction, (si tu écris à une personne qui a un titre ou une fonction)
Madame, Monsieur, (si tu ne sais pas du tout à qui tu t'adresses).

Attention, il y a toujours une majuscule à Madame et Monsieur, ainsi qu'aux titres et aux noms de famille. Et on met toujours une virgule à la fin de la salutation.

❸ Rédige ta demande :
« Je me permets de vous contacter au sujet de ... »
« J'aimerais connaitre... J'aurais aimé savoir.... »
« Pourriez-vous me dire... Pourrais-je avoir »
« Je souhaiterais prendre rendez-vous avec vous pour... »
« Pourriez-vous m'indiquer si cela est possible pour vous ainsi que vos disponibilités... »

❹ Finis par une formule de politesse :
« Je vous remercie d'avance pour votre réponse, »

Dans une correspondance très formelle, tu finiras par :
« Je vous prie d'agréer, Madame la Directrice, l'expression de mes sincères salutations. »
« Je vous prie de recevoir, Madame, Monsieur, mes salutations distinguées. »

Dans un mail plus informel, tu pourras simplement écrire :
« Bien à vous » / « Cordialement » / « Je vous souhaite un bonne journée »

❺ Signe en écrivant ton prénom, ton nom et éventuellement ton numéro de téléphone si tu souhaites que la personne te rappelle.

❻ **Relis-toi** avant d'envoyer ! Vérifie : l'adresse de ton destinataire, l'objet de ton mail, puis l'orthographe et la syntaxe de ton message.

ÉCRIRE UNE LETTRE

Il est de plus en plus rare d'écrire des lettres. Cela leur donne d'autant plus de valeur. Pare-toi de ta plus belle plume pour écrire à tes proches. Cela leur fera extrêmement plaisir de recevoir ton courrier dans leur boite aux lettres.

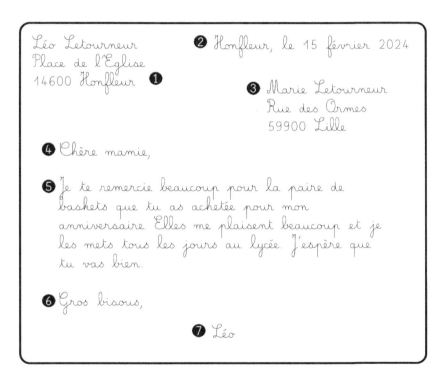

❶ Tout en haut à gauche, **écris ton adresse.**
❷ Écris **la ville et la date** où tu as rédigé ta lettre.
❸ Indique **l'adresse de ton destinataire.**
❹ Commence ton texte par **une formule d'interpellation.**
❺ **Écris ton texte.**
❻ Finis ton texte par **une formule de politesse.**
❼ Et **signe** ta lettre.

ADRESSER UNE ENVELOPPE

Pour envoyer ta lettre, il ne te reste plus qu'à la mettre dans une enveloppe timbrée. Au recto de l'enveloppe, tu marqueras l'adresse de ton destinataire. Et au dos de l'enveloppe : ton adresse. Tu n'as plus qu'à mettre un timbre et à poster ta lettre !

À TOI DE JOUER !

ÉCRIS UNE JOLIE LETTRE À QUELQU'UN QUE TU APPRÉCIES

En t'aidant du modèle ci-dessus, écris une lettre à un(e) ami(e) ou à une personne de ta famille.

Si cette personne t'a fait un cadeau ou t'a invitée récemment chez elle, tu peux écrire une lettre pour la remercier.

Tu peux également lui écrire une lettre pour lui dire combien elle compte pour toi.

Tu peux tout simplement lui raconter des histoires ou lui raconter ce que tu as fait récemment (tes vacances, ta rentrée etc...).

La personne va avoir beaucoup de chance de recevoir une belle lettre de ta part écrite à la main !

LA SÉCURITÉ

En grandissant, tu seras de plus en plus amené(e) à sortir sans tes parents, que ce soit pour une petite virée entre copains ou le temps d'une soirée.

Il y a quelques précautions à prendre pour que ta sortie ne vire pas au cauchemar. Voici quelques conseils pour éviter de te mettre en danger.

❶ **Respecte les engagements pris avec tes parents.** S'ils te demandent de rentrer à une heure précise, débrouille-toi pour arriver à l'heure. C'est ainsi que tu gagneras petit à petit leur confiance et que tu obtiendras plus de libertés.

❷ **Rassure tes parents** : appelle-les ou envoie-leur un SMS lorsque tu arrives à l'endroit de ta sortie ou lorsque tu en pars. Tu es encore jeune et c'est bien normal qu'ils s'inquiètent pour toi. En leur envoyant un message, tu gagneras également leur confiance.

❸ De manière générale, assure-toi qu'il y ait **toujours une personne qui sache où tu vas et avec qui**. Si, par exemple, au cours d'une sortie, tu es amené(e) à quitter un groupe d'amis, indique-leur ce que tu comptes faire.

❹ Avant de sortir, prends toujours avec toi un **téléphone**, le **numéro de téléphone d'un adulte** à contacter en cas de besoin et **un peu d'argent**.

❺ **Ne rentre jamais seul(e) la nuit.** Fais-toi toujours accompagner ou demande à tes parents de venir te chercher. Évite également les zones peu fréquentées, car, en cas de problème, tu as moins de chance de trouver quelqu'un pour t'aider.

❻ Ne sors qu'avec des **amis de confiance** et **dans des endroits où tu te sens en sécurité**. Écoute ton intuition : si tu te sens mal à l'aise ou en danger, quitte la zone où tu te trouves ou appelle un adulte.

La sécurité c'est très important. Mais cela ne doit pas t'empêcher de vivre. Si tu suis ces conseils tout simples, tu seras en sécurité.

SUR INTERNET

Internet est un outil formidable ! Tu peux écouter de la musique, discuter avec ta famille et tes amis, regarder des vidéos, jouer à des jeux en ligne, partager tes passions, découvrir et apprendre des tas de choses sur le monde... !

Pour t'éclater sur Internet, tu dois cependant être conscient(e) de quelques-uns de ses dangers. Voici donc 7 règles extrêmement importantes pour surfer sur le web en toute sécurité.

❶ **Protège ta vie privée**. Ne dévoile jamais tes informations personnelles (adresse, numéro de téléphone, mot de passe etc...) à des personnes que tu ne connais pas. Préserve le plus possible ton anonymat en ligne, en utilisant des pseudonymes plutôt que ton vrai nom.

❷ **Méfie-toi des tentatives d'escroqueries**. On les appelle également « hameçonnage » ou « phishing ». Ce sont des techniques pour récupérer ton argent, tes données personnelles ou pour te faire ouvrir un fichier contenant un virus informatique.

La pratique la plus courante est un mail envoyé par un inconnu pour que tu puisses, soi-disant, récupérer un gain à la loterie ou un héritage. **Prends du recul** : si quelque chose semble trop beau pour être vrai, c'est qu'il y a anguille sous roche.

Parfois, le fraudeur se fait passer pour un organisme (une banque, une assurance, la sécurité sociale etc...) et te demande de mettre à jour tes coordonnées. Son but est de te voler des informations. Au moindre doute, demande l'avis d'un adulte.

❸ **Ne parle jamais à des étrangers en ligne**. Si un inconnu vient te parler et que les messages te semblent étranges, parles-en immédiatement à un adulte. N'accepte pas d'inconnus dans ton réseau d'amis.

❹ **Agis en toute sécurité pour éviter le piratage ou « hacking »**.

Des personnes malveillantes peuvent vouloir avoir directement accès à tes informations, sans passer par de l'hameçonnage. Voici quelques astuces pour éviter des déconvenues.

Choisis **un mot de passe difficile à trouver**. Ne choisis pas ta date d'anniversaire ou le nom de ton chien. Essaie de trouver un mot de passe long d'au moins 12 caractères. Le mieux est d'utiliser une phrase avec une majuscule, un symbole et un chiffre :

Mes2mamiesadorentlesglaces !

Essaie d'utiliser des **mots de passe différents** pour les différents sites où tu dois te connecter. Comme ça, si une personne réussit à devenir ton mot de passe, elle ne pourra pas l'utiliser pour tous tes autres comptes

Active la double vérification pour les comptes les plus importants. Le site en question t'enverra un code sur ton téléphone pour accéder au compte. Cela permet d'ajouter une double sécurité.

N'achète rien sur Internet sans l'accord d'un adulte. Cela te permettra de vérifier la fiabilité du site qui te vend les produits et de ne pas donner le code bancaire à n'importe qui.

Ne télécharge tes applications que sur des sites de confiance, comme l'App Store ou Google Play. Certaines applications malveillantes peuvent en effet profiter de traceurs pour avoir accès à ta localisation, ton micro, ta caméra ou encore tes photos.

Mets à jour régulièrement des logiciels et applications. Les mises à jour servent à protéger ton appareil contre les vulnérabilités de sécurité.

❺ **Gère ton image sur Internet.** Tout ce que tu écris ou postes peut être potentiellement vu, partagé et parfois même déformé par des milliers de personnes. Même si tu effaces ton message, quelqu'un a pu avoir le temps de le copier ou de prendre une capture d'écran. Avant de poster quelque chose en ligne, demande-toi au préalable si tu serais content(e) que tout le monde puisse le voir. Si la réponse est non, alors ne le poste pas.

❻ **Ne crois pas tout ce que tu peux lire sur Internet.** Il y a des d'informations qui circulent qui sont fausses ou déformées.

Vérifie toujours la source de l'information avant de la partager. Les fausses informations proviennent souvent de sites Internet au nom de domaine bizarre. Vérifie également la date de parution de l'information, la photo et les commentaires, qui peuvent te mettre sur la piste d'une « fake news ». Enfin, si tu n'es pas sûr(e), demande l'avis d'un adulte de confiance.

❼ **Agis sur Internet comme dans la vraie vie.** Tu dois respecter les autres en ligne et les traiter comme tu aimerais être traité(e) par eux.

N'oublie pas que, même caché(e) derrière ton écran et un pseudonyme, tu dois obéir aux mêmes lois que dans la vie réelle.

A TOI DE JOUER !

LES ÉTAPES POUR AVOIR UN MOT DE PASSE SOLIDE

Choisis une phrase que tu retiendras facilement avec au moins 12 caractères.
Exemple : mon animal favori est le lama (24 caractères)

Rajoute <u>au moins</u> 1 majuscule.
*Exemple : **M**on animal favori est le lama*

Rajoute <u>au moins</u> 1 chiffre.
Exemple : Mon animal favori est le lama 5

Rajoute <u>au moins</u> 1 signe de ponctuation.
Exemple : Mon animal favori est le lama 5 !

Colle le tout. Et voilà tu as un mot de passe sécurisé !
Exemple : Monanimalfavoriestlelama5!

LES PETITES CHOSES PRATIQUES

Voici quelques petites choses pratiques et réparations de base à savoir faire. Ça te sera bien utile si tu dois te débrouiller tout seul !

FAIRE UN PAQUET CADEAU

Tu es invité(e) à un anniversaire ou tu veux faire un cadeau pour Noël ? Tu vas avoir besoin d'envelopper ton présent, qu'il soit petit ou gros.

Tu peux tout simplement envelopper l'objet dans du papier ou du tissu et le mettre dans un joli petit sac (avec un ruban par exemple) ou dans une belle boite en carton.

L'autre alternative est de placer le cadeau dans un carton et de l'envelopper avec du papier cadeau. Tu vas avoir besoin de : ciseaux, scotch, ruban et papier cadeau.

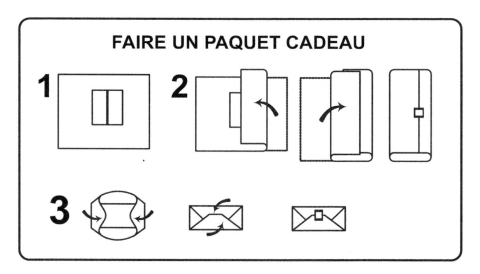

❶ Place le cadeau au milieu du papier. Le papier doit être assez long de tous les côtés pour pouvoir envelopper tout l'objet.

❷ Rabats les côtés les plus longs vers le milieu du cadeau et mets du scotch dessus.

❸ Plie chacun des deux autres côtés selon le modèle ci-dessus et mets du scotch pour les faire tenir.

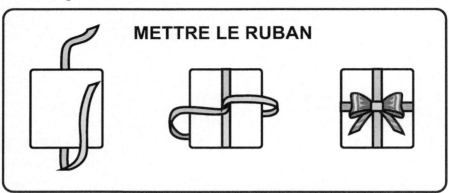

METTRE LE RUBAN

Place le ruban sous le cadeau et place les extrémités sur le cadeau.

Croise les rubans et fais passer les extrémités de chaque autre côté du cadeau.

Retourne la boite et fais un nœud sur le dessus. Tu auras besoin de l'aide d'autres personnes pour qu'elles puissent tenir le ruban avec leurs doigts pendant que tu fais le nœud.

CHANGER UNE AMPOULE

Changer une ampoule grillée est très simple mais il faut prendre quelques précautions afin d'assurer ta sécurité.

❶ Assure-toi que tu as **les mains bien sèches**. Si tu portes des gants isolants, c'est encore mieux ! Prends également **un tabouret stable ou un escabeau** si ta lampe est en hauteur.

❷ Ensuite, **éteins la lumière** car, même si l'ampoule est grillée, le support reste conducteur d'électricité et tu risquerais de t'électrocuter. Si tu n'es pas sûr(e) qu'elle soit éteinte, alors **coupe le courant**. Pour cela, trouve le tableau électrique de ton logement et abaisse l'interrupteur différentiel ou général.

❸ **Enlève l'ampoule.** Si c'est une ampoule à vis, il suffit juste de la tourner. Si c'est une ampoule à baïonnette, il faut que tu appuies dessus puis que tu la tournes.

❹ Si tu as une autre ampoule identique, utilise-la pour vérifier que le problème vient bien de l'ampoule et non de la lampe.

❺ Prends l'ampoule qui ne marche plus et **remplace-la par une autre identique**. Si tu ne l'as pas, il faut aller en acheter une autre dans un supermarché ou un magasin de bricolage. Il faut emmener l'ampoule grillée ou prendre toutes les informations la concernant pour être sûr d'acheter le même modèle. Si tu y vas tout seul(e), n'hésite pas à demander des renseignements à un vendeur.

❻ **Allume la lumière** ou remonte **le disjoncteur général ou différentiel**.

Si la lampe ne marche toujours pas, demande l'avis d'un adulte.

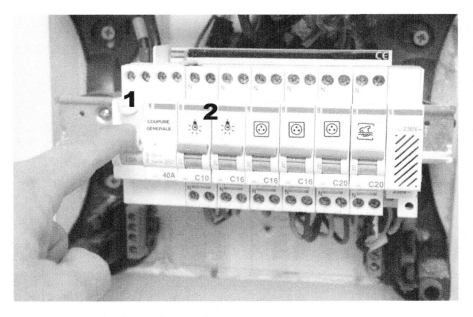

Voici une photo d'un tableau électrique.

1. C'est le **disjoncteur général** : il fait le lien entre ton logement et le réseau extérieur.

2. Ce sont les **disjoncteurs différentiels** : il y a un disjoncteur pour chaque pièce de ton logement ou appareil. Souvent, il y a une petite étiquette au-dessus qui t'indique de quel disjoncteur il s'agit.

RECOUDRE UN BOUTON

Recoudre un bouton c'est très simple et savoir le faire va te permettre d'économiser du temps et de l'argent.

Si un bouton tombe d'un de tes vêtements, **range-le tout de suite dans un lieu sûr** pour pouvoir le recoudre plus tard.

Si tu l'as perdu, vérifie à l'intérieur de ton vêtement : il y a parfois un ou deux **boutons supplémentaires** prévus par le vendeur.

Si tu ne trouves pas de bouton, il faut en acheter un **de la même taille et si possible de la même couleur**. La plupart des boutons ont deux ou quatre trous et la technique est la même pour les recoudre.

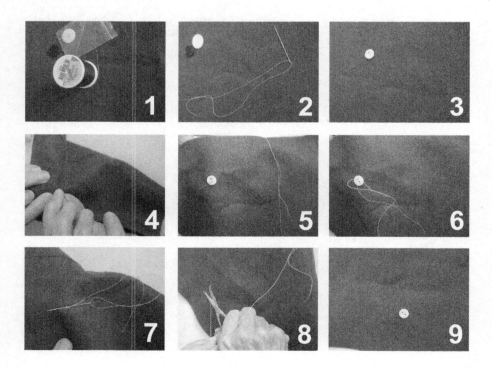

1. Munis-toi d'un **bouton**, d'une **aiguille** et d'un fil de la même couleur que ton bouton ou ton vêtement.
2. **Passe le fil dans le chas de l'aiguille** et fais un nœud à l'extrémité du fil.
3. **Place le bouton sur le vêtement.**
4. Fais passer l'aiguille **à travers le vêtement par le dessous** et **fais-la ressortir dans l'un des trous.** Ne tire pas excessivement sur le fil.
5. Passe ensuite l'aiguille **à travers le second trou, par le dessus** et traverse le tissu. Tire sur le fil.
6. **Recommence** : enfile l'aiguille à travers le premier trou, par le dessous puis tire sur le fil. Passe l'aiguille à travers le second trou et répète ce mouvement de haut en bas, jusqu'à ce que le bouton soit solidement fixé. Repasse l'aiguille à travers le vêtement pour la faire ressortir par en dessous.
7. Fais **3 ou 4 points dans le vêtement pour fixer le fil.**
8. **Noue le fil** et **coupe l'excédent de fil.**
9. **Vérifie que ton bouton tient bien.**

CHANGER LA CHAMBRE À AIR DE SON VÉLO

Il arrive parfois de crever sur la route en faisant du vélo. Tout bon cycliste devrait avoir une trousse de réparation pour ne pas revenir à pied à la maison avec : une **pompe à vélo**, des **rustines** et un **démonte pneu**. Entraine-toi chez toi avant de partir en expédition !

1. Pose ton vélo **à l'envers** sur le sol.
2. Puis **enlève la roue crevée**. En général, tu peux enlever la roue en desserrant le levier et en dévissant légèrement l'axe. Si c'est la roue arrière, c'est un peu plus délicat car il y a la chaine. Il faut

mettre la chaine sur le plus petit pignon à l'aide des vitesses. Puis défaire la roue en levant le levier de serrage et parfois en maintenant le dérailleur arrière.

3. **Dégonfle la chambre à air** en appuyant sur la valve.

4. **Enlève le pneu à l'aide du démonte-pneu.** Attention à ne pas percer la chambre à air.

5. **Retire la chambre à air et inspecte-la** pour détecter le trou ou la perforation. Si tu as un trou, tu peux y poser une **rustine**. Si la chambre à air se dégonfle sans raison, son remplacement est inévitable.

6. Gonfle légèrement la chambre à air et **insère-la dans le pneu**. Fais attention à ce qu'elle ne soit pas tordue.

7. Utilise le démonte-pneu pour **remettre en place le pneu**.

8. **Gonfle le pneu** à la bonne pression et rattache la roue au vélo.

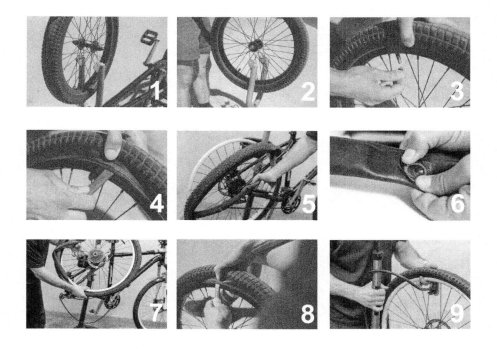

L'AMOUR

Ah l'amour ! Ça fait tellement rêver ! On s'imagine avec l'élu(e) de son cœur, dans ses bras, à se sentir bien et être heureux ou heureuse. Alors on se dit : « et quand est-ce que ça va m'arriver à moi aussi ? ».

Pourquoi te mets-tu à rêver d'amour aussi intensément ? Parce qu'à l'adolescence, tu vis de grands bouleversements physiques et psychologiques. Tu deviens un homme ou une femme, capable de ressentir du désir et avec l'envie de séduire.

Est-ce que cela veut dire que tu es prêt(e) à aimer ? Pas forcément ! Tu es encore un(e) débutant(e) et tu as le temps devant toi. Alors, ne te mets pas la pression. Profite de ta jeunesse pour jouer avec tes copains et copines, passer du temps avec ta famille et découvrir plein de choses... et notamment l'amour mais à ton rythme !

COMMENT SAVOIR SI ON EST AMOUREUX

Il n'est pas facile de savoir si on est amoureux quand on ne l'a encore jamais été ! Même pour les adultes, c'est très difficile de savoir si on aime vraiment quelqu'un ou pas.

Il existe en réalité **différentes façons d'aimer**. On peut tomber amoureux d'un coup, c'est le fameux **« coup de foudre »**. On est totalement subjugué par une personne. On pense très souvent à elle. On a envie de la voir, d'en savoir plus sur sa vie. On plane dès qu'on reçoit un message de sa part. On se sent heureux (heureuse), on voit la vie en rose. On a des papillons dans le ventre. On se met à rougir, suer ou bégayer quand on voit l'être aimé.

Mais la situation la plus fréquente, c'est **l'amour qui apparait petit à petit**. Tu passes du temps avec un ami ou une amie. Tu te sens bien avec cette personne. Plus le temps passe, plus tu apprends à la connaitre et plus tu éprouves de l'affection pour elle. Tu commences alors à ressentir quelque chose de différent que dans une relation d'amitié : tu éprouves de **l'attirance physique**. Tu as envie de lui prendre la main, de la prendre par l'épaule ou même de l'embrasser. Quand on grandit et qu'on devient adulte, on a envie de partager sa vie avec cette personne. On découvre ses défauts mais on aime tellement ses qualités qu'on ne veut pas la quitter.

Souvent le **sentiment amoureux du début** qui nous émoustille **redescend**. Une fois que l'on connait mieux la personne aimée, nos sentiments retombent, car il n'y a plus l'effervescence de la découverte de l'autre. Mais, si on aime profondément les qualités de l'autre personne, et qu'on se sent bien avec elle, même dans les périodes difficiles et malgré ses défauts, alors on continue de l'aimer. C'est de l'amour. Des **amoureux** sont **des personnes qui s'entendent bien au quotidien**.

....

COMMENT AVOUER SES SENTIMENTS À QUELQU'UN QU'ON AIME

La personne que tu aimes ne peut pas lire dans tes pensées. Tu es obligé(e) d'une manière ou d'une autre de lui montrer que tu l'aimes si tu veux vivre une histoire d'amour avec elle.

Rien ne t'oblige à faire de grandes déclarations d'amour. Tu peux déjà lui montrer que **tu as de l'intérêt pour elle**. Tu peux « faire la cour ». Tu peux lui proposer de passer du temps avec toi en faisant une activité ensemble, tu peux être attentionné(e), tu peux l'aider, lui sourire, tenter un petit geste affectueux, l'inviter à danser... Tu devras alors être très attentif (attentive) à ses réactions. Si la personne aimée ne réagit pas, prend ses distances ou te rejette, alors mieux vaut lui laisser un peu d'espace. Peut-être reviendra-t-elle vers toi ? Si ce n'est pas le cas, il vaut mieux ne pas insister. Quelle que soit ta décision, prends ton temps ! Il n'y a rien qui presse. Et n'oublie pas que les sentiments amoureux naissent petit à petit. La personne que tu aimes a sans doute besoin d'apprendre à te connaitre et à connaitre ses propres sentiments.

Si tu penses que la personne aimée apprécie tes petits gestes et attentions, tu peux lui **déclarer ta flamme**. Tu peux le faire par lettre, par message, par le biais de quelqu'un d'autre ou en lui faisant une belle déclaration orale. Tu peux aussi lui annoncer petit à petit, en lui posant des questions : « je me sens bien quand je suis avec toi, est-ce que tu ressens la même chose ? », « est-ce que tu aimerais passer plus de temps avec moi ? », « est-ce que je peux te prendre dans les bras ?... ».

Ce ne sont que des exemples, tu dois suivre ce que ton cœur te dit et faire ce qui te semble le mieux.

Dans tous les cas, avouer ses sentiments est **une prise de risque**. Si l'autre dit oui, c'est super pour toi. Si l'autre dit non, reste très respectueux (respectueuse) envers cette personne et sois fier(e) de toi d'avoir osé. C'est très courageux de ta part.

Dans le cas inverse où une personne te fait part de ses sentiments amoureux avec toi, tu **peux dire « oui »**, la prendre par la main ou lui faire un bisou pour lui signifier que tu es d'accord pour aller plus loin dans la relation. Si tu ne veux pas aller plus loin, **il faut clairement lui dire « non »**, gentiment et poliment ou lui dire : « je préfère qu'on reste amis ». Même si tu as peur de la blesser. Tu as également le droit de demander un délai « Merci, mais j'ai besoin de temps pour réfléchir. Je te donnerai ma réponse plus tard ». Tu n'as pas besoin de te justifier. Tu peux tout simplement répondre que la personne a beaucoup de qualités et que tu l'apprécies, mais que les sentiments ne se commandent pas, et que tu n'es juste pas amoureux ou amoureuse.

C'EST QUOI, ÊTRE EN COUPLE ?

Ça y est, vous êtes devenus petits amis ? Mais que se passe-t-il ensuite au juste ?

Il n'y a pas vraiment de mode d'emploi pour cela. Être en couple, c'est un peu comme **être amis mais avec des moments plus intimes**.

Donc, comme pour l'amitié, être en couple c'est d'abord **passer du temps ensemble**. En récréation ou en dehors de l'école. C'est discuter et apprendre à se connaitre l'un l'autre. C'est se dévoiler, avec ses forces et ses faiblesses. C'est se respecter, sans se juger.

Petit conseil en passant : n'oublie pas tes amis. Ne les abandonne pas juste parce que tu es en couple. Passe du temps avec eux pour leur montrer que tu es encore à leurs côtés et qu'ils peuvent continuer à compter sur toi.

Être en couple, c'est aussi **se donner de l'amour**. Ce peut être des gestes d'affection (se tenir la main, se faire un bisous) ou de tendres attentions (s'encourager, lui dire qu'il est beau ou qu'elle est belle etc..). Il y a plein de manières différentes de montrer son amour à quelqu'un. À toi et ton ou ta petite amie de faire ce qui vous plait le plus.

Et puis, lorsque l'on est avec son amoureux ou amoureuse, on peut avoir **des moments plus intimes encore**. On peut s'embrasser partout sur le corps, se mordiller les oreilles, se faire des bisous dans le cou, s'embrasser sur les lèvres, se caresser, s'embrasser en y mettant la langue. Là non plus il n'y a pas de mode d'emploi précis. Il ne faut pas écouter les autres et juste faire ce qui vous plait le plus à tous les deux.

En matière de baiser langoureux, point de recette non plus. On peut mordiller les lèvres de l'être aimé avec ses lèvres, juste les poser dessus, puis entrouvrir la bouche, la poser contre la bouche entrouverte de ton amoureux (ou amoureuse). Quand tu en auras envie, tu peux y glisser ta langue. La retirer. Ou la laisser, la bouger ou la faire tourner. Comme vous le sentirez.

En amour, **il y a de la tendresse, pas de technique** ! Il n'y a pas le feu non plus. C'est déjà super de se prendre dans les bras ou de se tenir la main. Si ça vous convient à tous les deux, alors c'est très bien. Ne te sens forcé(e) de rien du tout. Si l'autre personne ne peut pas patienter sans être agressive, alors elle ne te respecte pas. Tu dois t'écouter avant tout et dire « non » quand tu ne le sens pas.

Une relation amoureuse peut durer ou se terminer. Ce n'est pas grave du tout ! Tu es encore jeune ! Le plus important n'est pas d'être en couple mais de vivre une belle relation.

• •

ET QUAND EST-CE QUE ÇA VA ÊTRE MON TOUR ?

Tu vois tous tes copains et copines se mettre en couple et tu te demandes quand viendra ton tour ? Pas de panique !

Rien ne sert de courir, il vaut mieux **prendre son temps** pour vivre une **belle relation d'amour** que plusieurs sans saveur. Pour te préparer à cela, rien de mieux que de rencontrer plein de filles ou des garçons et d'apprendre à les connaitre. Tu peux même les draguer gentiment. Titille-les, passe du temps avec elles ou eux, fais les rire et observe leurs réactions. Demande également à tes amis de t'aider. Ils pourront te donner leur avis et surtout te booster pour faire le premier pas.

Sache également qu'**on vend une image idyllique de l'amour** dans les films, les romans ou les magazines. Mais beaucoup de personnes seules vivent heureuses. Et à l'inverse, il y a beaucoup de personnes en couple qui se sentent seules et mal-aimées. C'est parce qu'elles ont des attentes trop exigeantes vis-à-vis de leur partenaire. Elles ont envie que l'autre les rende heureuses. Or, c'est beaucoup de responsabilité pour une seule personne.

Ta personnalité et ton corps sont encore en construction. **Prends le temps de te sentir bien dans ta tête et tes baskets**. Le jour où tu te sentiras plus à l'aise, tu discerneras plus facilement **les personnes avec lesquelles tu te sentiras en confiance**. Quand la confiance et la complicité seront au rendez-vous, alors l'amour sera beaucoup plus intense et voluptueux ! Donc : pas de précipitation !

A TOI DE JOUER !

À QUOI RESSEMBLE TON AMOUREUX (OU AMOUREUSE) IDÉAL(E) ?

Son physique (couleur des cheveux, des yeux...) :

....
....
....

Sa tenue :

....
....
....

Ses activités :

....
....
....

Ses qualités principales :

....
....
....

Que t'offrirait-il (ou elle) pour la Saint-Valentin ?

....
....
....

CONCLUSION

Ça y est, tu as toutes les clés en main pour devenir plus autonome dans ta vie de tous les jours. Tu connais maintenant une dizaine de trucs et astuces, que d'autres jeunes de ton âge n'auront peut-être pas la chance d'apprendre ou d'expérimenter avant l'âge adulte.

Mets-les en pratique aussi souvent que possible. Plus tu t'entraineras et moins tu auras besoin de te référer à ce guide. Tout ce que tu auras appris et testé plusieurs fois deviendra une habitude. Tu n'auras même plus besoin d'y penser.

Souviens-toi de quand tu étais petit(e). Tu as appris des choses qui te paraissent très simples aujourd'hui mais qui n'étaient pas du tout évidentes à l'époque, comme faire du vélo ou écrire les lettres de l'alphabet ! Tu as dû t'y prendre à plusieurs fois avant d'y arriver. Mais à force d'efforts et de persévérance, tu as réussi ! C'est exactement la même chose pour les trucs et astuces présentés dans ce livre. Il faut les tester plusieurs fois pour les maitriser.

Bien sûr, de temps en temps, tu auras besoin d'un coup de main. On ne peut pas toujours tout faire tout(e) seul(e). Mais quel plaisir tout de même d'être autonome et de ne pas avoir besoin de demander de l'aide à quelqu'un ! Chaque chose que tu apprendras et chaque progrès que tu feras te rendront plus confiant(e) dans la vie. Tu entreras dans l'âge adulte avec beaucoup plus de sérénité.

Tu pourras plus tard passer le relais à tes petits frères et sœurs ou à tes amis. Tu pourras leur enseigner tout ce que tu as appris au cours du temps. Ils seront certainement très impressionnés par tes connaissances. Et si tu n'es pas sûr(e) à 100% de toi, tu pourras toujours retourner dans ce livre et suivre à nouveau pas à pas les instructions.

Tu es désormais prêt(e) à prendre ta vie en main, avec beaucoup plus d'assurance qu'autrefois. N'oublie pas que le plus important est de prendre soin de toi. Bouger, manger équilibré et dormir suffisamment sont les 3 clés les plus importantes pour une vie épanouie. Tu pourras avoir tout l'argent du monde, une super carrière professionnelle, une vie sociale très riche, si tu ne prends pas soin de ton corps et si tu ne fais pas attention à ce que tu manges, tu ne pourras pas te sentir en forme, ni physiquement ni moralement. Pour profiter un maximum de la vie, il faut avant tout se sentir bien dans sa peau.

Pour le reste, continue d'apprendre et d'expérimenter. Les découvertes te permettront de gagner en confiance et en estime de toi. Même tes échecs contribueront à ton épanouissement. Alors, n'aie pas peur d'échouer !

Profite-bien de ta jeunesse. Amuse-toi bien !

ÉPILOGUE

Je vous remercie pour le temps que vous m'avez accordé en découvrant ce livre.

S'il vous a aidé(e) ou a aidé votre ado d'une quelconque manière, alors j'en suis profondément touchée. N'hésitez pas à le partager autour de vous.

Si vous voulez me contacter pour me poser d'éventuelles questions, je serais ravie de vous répondre.

Vous pouvez m'écrire à cette adresse : adosphere.editions@gmail.com

N'hésitez surtout pas non plus à laisser votre avis à propos du livre sur Amazon, même succinct, afin de me dire si vous l'avez apprécié.

Pensez à la quantité de gens que vous aiderez simplement avec ce commentaire et votre avis honnête.

Pour cela, il vous suffit de flasher le QR code ci-dessous pour atterrir directement sur l'espace commentaires Amazon du livre.

Je vous remercie d'avance.

À très bientôt j'espère,

Léa Millan

Dans la même collection

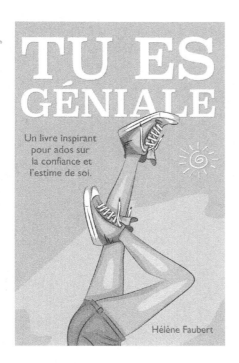

10 histoires inspirantes pour aider votre fille à avoir confiance en elle.

10 histoires inspirantes pour aider votre fils à s'accepter tel qu'il est et l'aider à se motiver.

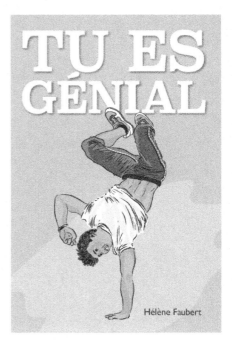

Printed in Great Britain
by Amazon